Birgit Adam

# Quarterlife Crisis

Jung,
erfolgreich,
orientierungslos

ARISTON

Bibliografische Information Der Deutschen Bibliothek
Die Deutsche Bibliothek verzeichnet diese Publikation in der Deutschen Nationalbibliografie; detaillierte bibliografische Daten sind im Internet über http://dnb.ddb.de abrufbar.

© Heinrich Hugendubel Verlag, Kreuzlingen/München 2003
Alle Rechte vorbehalten

Umschlaggestaltung: Zembsch' Werkstatt, München
Redaktion: Angela Troni, München
Produktion: Maximiliane Seidl
Satz: EDV-Fotosatz Huber/Verlagsservice G. Pfeifer, Germering
Druck: Huber, Dießen
Printed in Germany

ISBN 3-7205-2397-7

# Inhalt

**Vorwort** .................................. 7

**Das Phänomen: die Quarterlife Crisis** .............. 10
  Quarterlife Crisis – was ist das? ................ 10
  Ursachen der Quarterlife Crisis ................ 21
  Der 30. Geburtstag: Bahn frei für den
    Nervenzusammenbruch .................... 30
  Von Aufschieben bis Zögern:
    Symptome der Quarterlife Crisis .............. 37

**Willkommen im Leben: der erste Job** .............. 41
  Der Mensch ist, was er arbeitet: der Job als
    wichtigste Selbstdefinition ................... 43
  »So habe ich mir das nicht vorgestellt!«:
    Probleme im ersten Job .................... 50
  Vom Schreibtisch zum Bett und wieder zurück:
    der Strukturwandel im Leben ................ 69

**Zwischen Bindungsangst und Torschlusspanik:**
**Quarterlife Crisis und Partnerschaft** .............. 79
  »Bis dass der Tod uns scheidet«: der Konflikt
    zwischen Illusion und Realität ................ 80
  Ist das wirklich Mister Right?:
    Hinterfragen der Partnerschaft .............. 89
  Von Bindungsangst und Beziehungs-
    Hopping .................................. 98

Die Legende vom glücklichen Single: Torschlusspanik
oder was ist, wenn der Richtige nie kommt? ..... 102

**Der alte Konflikt: Kind oder Karriere?** ............. 112
Junge Mütter starten durch ................... 113
Die biologische Uhr tickt ..................... 117
Ein Kind als Ausweg aus der Quarterlife Crisis? .... 131
Probleme mit der ungewohnten Mutterrolle ....... 135

**Hilfe, ich werde erwachsen! Ein neues Selbstbild** ..... 140
Vom Ende der Kindheit: Ist der Spaß nun
endgültig vorbei? ......................... 140
Die Eltern: vom Feind zum Freund .............. 149
Zeit für die Altersvorsorge: der Druck der
Gesellschaft ............................. 154
Für die reifere Haut: Quarterlife Crisis und
Jugendwahn ............................. 157

**Das Leben geht weiter: Wege aus der
Quarterlife Crisis** ........................... 168
Die Quarterlife Crisis als Chance ............... 169
Wer bin ich? Eine Selbstanalyse als erster
Schritt zur Veränderung .................... 170
Das Leben ist Veränderung: vom Plan zur Tat ...... 177
Geteiltes Leid ist halbes Leid .................. 186

# Vorwort

Hallo, mein Name ist Birgit und ich stecke in der
Quarterlife Crisis.

Ich bin 31 Jahre alt und eigentlich habe ich überhaupt keinen Grund, mit meinem Leben nicht zufrieden zu sein. Ich habe mein Anglistik- und Kommunikationswissenschaftsstudium zügig hinter mich gebracht und arbeite nun freiberuflich als Buchautorin. Nach einer kleinen Durststrecke am Anfang gehen die Aufträge mittlerweile so nahtlos ineinander über, dass ich von meiner Arbeit ganz gut leben kann. So gut, dass ich nicht mehr in einem engen Einzimmerappartement leben muss, sondern inzwischen mehrere Zimmer zur Verfügung habe – zwar »nur« in Augsburg, aber immerhin. Ich kann meine H-&-M-Klamotten ab und zu mit einem Teil von Dolce & Gabbana aufpeppen und muss meinen Urlaub nicht in Bulgarien oder Kroatien verbringen, sondern kann die USA oder Australien erkunden. Zwar immer noch mit dem Rucksack, jedoch längst nicht mehr in den Billigabsteigen meiner Studentage. Zugegeben, ich bin Single, aber ich habe genug Freunde und Hobbys, um mir trotzdem nicht wie ein halber Mensch vorzukommen. Und das einzige Ticken, das ich höre, ist das meines Weckers – meine biologische Uhr schweigt (noch). Dennoch habe ich oft das Gefühl, da müsste im Grunde mehr sein. Immer wieder denke ich: »Das kann nicht alles gewesen sein!«, »Soll das jetzt so weitergehen, bis ich 60 bin?« und »Irgendetwas muss sich in meinem Leben ändern, aber was?«

An einem warmen Sommerabend im Biergarten (vermutlich hatte ich schon ziemlich tief ins Glas geschaut) unterhielt ich mich zum ersten Mal mit Freunden über genau dieses »Problem«. Und siehe da: Statt verständnisloser Blicke und Kommentare wie »Du spinnst doch, was hast du eigentlich?« erntete ich überall nur zustimmendes Nicken. »Mein Leben plätschert irgendwie so dahin, es ist zwar nicht wirklich schlecht, aber auch nicht unbedingt toll. Manchmal habe ich das Gefühl, als hätte ich eine vorgezogene Midlife Crisis«, sagte Claudia. »Und Katrin will jetzt tatsächlich diesen Typen heiraten. Ich glaube, sie ist derart besessen von dem Gedanken, mit 30 verheiratet zu sein, dass es ihr völlig egal ist, wen sie da heiratet.« – »Und wisst ihr, wie's mir geht? Mein Freund denkt doch tatsächlich schon an Nachwuchs, dabei fühle ich mich noch viel zu jung. Mit 33! Meine Mutter hatte in dem Alter schon längst zwei Kinder!«

Irgendwie hatten wir alle dieselben Probleme: Obwohl unser Leben auf den ersten Blick keinen Anlass zur Klage bot, waren wir trotzdem nicht zufrieden. Wenn man hinter die Kulissen unserer doch einigermaßen gut bezahlten Jobs und glücklichen Partnerschaften blickte, so entdeckte man nicht selten Selbstzweifel und Versagensängste. Wir konnten nicht richtig sagen, was uns nun konkret fehlte – trotzdem war irgendetwas definitiv nicht in Ordnung. Wir fühlten uns nicht so erwachsen, wie wir sein sollten, und wussten immer noch nicht recht, was wir mit unserem Leben eigentlich anfangen wollten. Wir hatten zwar alle einen bestimmten Weg eingeschlagen, ob dies jedoch auch der richtige Weg war – darüber waren wir uns nicht sicher.

Obwohl wir an diesem Abend alle ordentlich jammerten, ging ich nicht frustriert nach Hause, ganz im Gegenteil. Ich fühlte mich ein wenig getröstet, denn nun wusste ich, dass ich nicht die Einzige war, die dieses seltsame Gefühl mit sich herumtrug. Dass ich nicht irgendwie »komisch« war, sondern dass es meinen Freunden ganz genauso ging. Das hat mich unendlich beruhigt.

Gleichzeitig begann ich darüber nachzudenken, warum wir alle dieses Gefühl hatten. Gut möglich, dass diese Krisenstimmung mit dem 30. Geburtstag zu tun hatte, den wir alle erst vor kurzem hinter uns gebracht hatten. Nun schienen wir alle endgültig erwachsen zu sein, was auch immer das heißen mochte. Die ungeliebte »3« vor unserer Altersangabe bot uns einen Anlass, über unser bisheriges Leben nachzudenken, eine erste Bilanz zu ziehen. Was war gut gelaufen, was weniger gut? Dann stellten wir plötzlich fest, dass wir gar nicht das Leben führten, von dem wir mit 16, 17, 18, ja sogar noch mit 25 geträumt hatten – und waren frustriert, vielleicht sogar deprimiert.

In den USA hat dieses seltsame Gefühl schon längst einen Namen: Quarterlife Crisis. Sie befällt unschuldige junge Erwachsene, die gerade das erste Viertel ihres Lebens hinter sich gebracht haben, und macht ihnen die nächsten Monate und Jahre zur Hölle. Wie in so vielen Dingen sind uns die Amerikaner auch hier ein wenig voraus. Unsere Leidensgenossen jenseits des großen Teiches schlittern schon etwas früher in diese Krise, denn sie sind bereits mit etwa 22 Jahren mit ihrer Ausbildung fertig und daher schon wesentlich früher offiziell erwachsen. Wir haben, was das angeht, noch eine gewisse Schonfrist, uns erwischt es in der Regel nämlich erst zwischen 28 und 33 so richtig. Und dann kann es auch schon losgehen … Willkommen in der Quarterlife Crisis!

# Das Phänomen:
# die Quarterlife Crisis

Schon höre ich die verächtlichen Stimmen: »Quarterlife Crisis? Was soll das denn sein? Da versucht doch wieder jemand, ein Problem zu erfinden, das es gar nicht gibt.« Von wegen! Die Quarterlife Crisis gibt es tatsächlich – und zwar mit ihren ureigenen Symptomen und Ursachen.

### Quarterlife Crisis – was ist das?

Was eine Midlife Crisis ist, weiß jeder. Kevin Spacey hat es uns in »American Beauty« erst vor kurzem so gut gezeigt, dass er dafür mit einem Oscar belohnt wurde. Im wahren Leben hat es ihm unter anderem sein Schauspielkollege Harrison Ford (60) nachgemacht: »Ein jugendliches Image muss her und am besten auch gleich eine jüngere Frau«, mag sich Mr. Ford gedacht haben, ließ sich einen Ohrring stechen und schnappte sich »Ally McBeal« Calista Flockhart (37). Auch außerhalb Hollywoods lässt sich dieses Phänomen Tag für Tag beobachten. Männer zwischen 40 und 50 tauschen die Familienkutsche gegen einen flotten Sportwagen, das Premiere-World-Abo gegen eine Mitgliedschaft im Fitness-Studio und nicht zuletzt die Ehefrau (42) gegen die Sekretärin (22). Freunde und Bekannte grinsen wissend und beschwichtigen die aufgebrachte Ehefrau: »Das wird schon wieder. Bald kriegt er sich wieder ein. Das ist nur so eine Phase.« Typisch Midlife Crisis eben. Aber Quarterlife Crisis? Was soll das denn bitte schön sein?

Mirjam (27) kann uns erklären, wie sich eine Quarterlife Crisis anfühlt: »Ich habe meine Position noch nicht gefunden und weiß nicht, wer ich bin und wo ich im Leben stehe. Zurzeit fühle ich mich völlig hin und her gerissen. Einerseits erfasst mich eine Aufbruchsstimmung, andererseits sehne ich mich nach Stabilität und Sicherheit.«

Wie die Midlife Crisis ist auch die Quarterlife Crisis eine Phase (das ist schon einmal ein Lichtblick: eine Phase – das heißt immerhin, sie geht auch wieder vorbei), in der wir unser bisheriges Leben kritisch überdenken und häufig auch grundlegend ändern. Sie ist also eine Art vorgezogene Midlife Crisis, die meist um den 30. Geburtstag herum zuschlägt. Doch im Gegensatz zu den plötzlich wieder jungen Mittvierzigern stoßen wir bei unserer Umwelt (speziell wenn es sich dabei um unsere Eltern handelt) meist auf Unverständnis. »Dir stehen doch alle Möglichkeiten offen, was willst du denn noch?«, »Deine Probleme möchte ich mal haben« und dann – der verhasste, doch ach so gut gemeinte Ausspruch: »Zu meiner Zeit ...« Bitte ergänzen: a) ... wären wir froh gewesen, eine so gut bezahlte Arbeit zu haben; b) ... hatten wir mit 30 schon Familie und mussten Verantwortung übernehmen; c) ... prüfte man, ob man zusammenpasst, bevor man miteinander ins Bett ging.

Wir gelten als verhätschelte Generation, die keine echten Probleme hat und sich endlich einmal zusammenreißen und erwachsen werden soll. Natürlich haben unsere Eltern auch ein wenig Recht. Verglichen mit Frauen in Nigeria, die wegen Ehebruchs gesteinigt werden können, oder Menschen in Somalia, die nicht wissen, ob sie am nächsten Tag überhaupt etwas zu essen haben werden, geht es uns tatsächlich gut. Zu gut sogar. Trotzdem leiden wir, denn wir leben in Deutschland zu Beginn des 21. Jahrhunderts und das ist ebenfalls nicht gerade einfach. Allerdings ist unsere Quarterlife Crisis nicht ganz so auffällig wie die Midlife Crisis, denn wir haben meist noch gar keine Ehefrauen oder -männer, die wir gegen ein jüngeres Modell eintauschen könnten, und ein Sportwagen ist bei unserem mageren Einstiegsgehalt einfach nicht drin. Stattdessen rebellieren wir auf andere Weise gegen das Erwachsenwerden.

Als bei mir im Alter von 28 Jahren die Quarterlife Crisis zuschlug (was ich damals natürlich nicht wusste und schon gar nicht zugegeben hätte), fiel mir zunächst einmal nichts Besseres ein, als mir den Bauchnabel piercen zu lassen und das Rauchen anzufangen. Da stand ich nun also inmitten von Freunden, die verzweifelt versuchten, ihren Zigarettenkonsum einzuschränken, und zog genussvoll an meiner Kippe. Zwar gab ich das Rauchen genauso schnell wieder auf, wie ich es angefangen hatte, doch das Piercing steckt bis heute in meinem Nabel. Hat es mir geholfen, meine Quarterlife Crisis zu überwinden? Natürlich nicht, aber darum geht es ja auch gar nicht!

Selbst wenn die Quarterlife Crisis äußerlich nicht so auffällig wie eine Midlife Crisis ist, fühlen wir innerlich genau dasselbe. »Soll das jetzt schon alles gewesen sein?«, denken wir uns und sehnen uns nach einer Veränderung. Wie diese Veränderung konkret aussehen soll – das wissen wir allerdings nicht! Davon kann auch Christoph (28) ein Lied singen: »Im Grunde geht es mir gar nicht schlecht. Ich habe eine gute Ausbildung, einen gut bezahlten Job und eine wunderbare

Freundin. Ich wohne in einer schönen großen Wohnung und kann mir finanziell durchaus Einiges leisten. Es läuft doch alles super! Und trotzdem stimmt irgendetwas nicht. Seit einiger Zeit schwebt mir ein kleines schwarzes Wölkchen über dem Kopf, das sich weder vertreiben noch greifen lassen will. Ich weiß nicht, ob ich mein ganzes Leben lang so weitermachen will. Irgendwie bin ich unzufrieden, aber womit?«, so beschreibt Christoph seine Situation.

Etwas muss sich also ändern, denn die Quarterlife Crisis lässt unser Leben plötzlich sinnlos erscheinen. Wir sitzen Tag für Tag in irgendeinem Büro und erledigen Aufgaben, die mit unseren Interessen und Wünschen rein gar nichts zu tun haben. Wenn wir nach Hause kommen, sind wir so kaputt, dass wir gar nicht mehr in der Lage sind, uns für eine After-Work-Party aufzustylen und die Herzen aller Männer zu brechen, sondern wir machen es uns lieber mit einer Tafel Schokolade auf der Couch bequem und schauen »Sex and the City« an. Tagein, tagaus derselbe Trott, bis das Wochenende kommt und wir endlich wieder Zeit für uns selbst haben. Doch was soll das eigentlich, wenn wir lediglich von Freitagabend bis Sonntag richtig leben und die restliche Zeit einfach nur funktionieren? Ein Job müsste her, der uns richtig ausfüllt, der uns Spaß macht und mit dem wir uns identifizieren können. Doch wo findet man eine solche Arbeit? Und was interessiert uns eigentlich überhaupt?

Eine solche Sinnkrise wird nicht selten durch enttäuschte Erwartungen ausgelöst. Nach dem Abi waren wir so optimistisch, studierten Germanistik, Politik oder Kommunikationswissenschaft, weil wir unbedingt in die Medienbranche wollten. Uns schwebte ein Job als Moderator bei MTV vor (obwohl uns eigentlich schon damals hätte klar sein müssen, dass ein Studium der letzte Weg zu einem solchen Job ist). Auf jeden Fall aber irgendetwas Glamouröses: durch die Welt reisen, interessante Menschen kennen lernen, auf tolle Partys gehen, mit den Stars auf Du und Du. Die Ernsthafteren unter uns wollten vielleicht politische Journalisten werden, Skandale aufdecken und die Welt ein bisschen besser machen. Auch so mancher ehrgeizige Jura- oder Medizinstudent mag von diesen Motiven getrieben worden sein. Und wer hinter dem schnellen Geld her war, studierte eben BWL. Mit 28 schon Topmanager – was konnte es Besseres geben?

Doch spätestens mit dem Ende des Studiums wurden wir auf den Boden der Tatsachen zurückgeholt. Anstatt mit Michael Jackson in L.A. fanden wir uns nun plötzlich in der Pressestelle eines kleinen Verlages wieder und versendeten Rezensionsexemplare belangloser Bücher. Die Welt war immer noch ungerecht und zum Topmanager mit Porsche und Ferienwohnung auf Hawaii war es noch ein weiter Weg, wenn man Tag für Tag in der Kreissparkasse Kunden über diverse Möglichkeiten der Altersvorsorge beriet. Kurz gesagt: Wir fielen gehörig auf die Nase und unsere Erwartungen wurden bitter enttäuscht. »So habe ich mir das nicht vorgestellt!«, denken wir uns, »Wie soll ich das bis zur Rente durchhalten?« Einen Großteil unserer Arbeitszeit vergeuden wir mit sinnlosen Routineaufgaben, die uns nicht herausfordern und die eigentlich jeder erledigen könnte, solange er nur lesen und schreiben gelernt hat. Unsere Arbeit kommt uns sinnlos vor und ein Gefühl der Leere macht sich breit. Auf einmal ist da ein großes schwarzes Loch, das unser ganzes Leben zu verschlingen droht. Gleichzeitig schwindet unser Selbstbewusstsein, denn wir bekommen keine Bestätigung oder Anerkennung für unsere Arbeit. Sicher, jeden Monat landet pünktlich eine gewisse Summe Euro auf unserem Konto, doch ab und zu mal ein Lob (oder ein »sehr gut« wie zu Schul- oder Unizeiten) wäre auch nicht zu verachten. Genau dieses schwindende Selbstbewusstsein hindert uns daran, etwas an unserer Situation zu ändern.

»Ich kann sowieso nichts, auf welche Stelle soll ich mich denn überhaupt bewerben?«, fragen wir uns, und anstatt unser Leben selbst in die Hand zu nehmen, ergeben wir uns der Quarterlife Crisis und leiden still vor uns hin.

Das geht im Einzelfall schneller, als uns lieb ist. Der heiß ersehnte erste Job war offensichtlich nicht das Gelbe vom Ei, und schon ziehen wir unser ganzes Leben in Zweifel. »Vielleicht sollte ich etwas ganz anderes machen, etwas Sinnvolles zum Beispiel«, denken wir uns. Die Mutigen unter uns wagen einen radikalen Ausbruch. Sie kündigen den ungeliebten Job, fangen etwas Neues an oder nehmen sich erst einmal eine Auszeit. »Sabbatical« heißt das Zauberwort, man gönnt sich ein paar Monate Nichtstun, um herauszufinden, wer man ist und was man mit seinem Leben anfangen will. Am besten auf irgendeiner thailändischen Insel, wo es sich billig leben und nachdenken lässt.

Die weniger Mutigen harren aus und zweifeln und zweifeln. Gründe zum Zweifeln haben wir genug: Schließlich ist der Job nicht der einzige Bereich, in dem etwas schief laufen könnte. Sonja zum Beispiel ist nun schon sechs Jahre mit Andreas zusammen. Eine Freundin nach der anderen wagt sich vor den Traualtar, immer häufiger wird Sonja bei Familienfeiern mit der neugierigen Frage konfrontiert: »Na, und wann wird endlich geheiratet?« Doch irgendwie ist sie noch gar nicht so weit. Manchmal fragt sie sich sogar, ob Andreas tatsächlich der Richtige ist. Sicher, die beiden verstehen sich gut und mögen sich sehr gerne, die große Liebe hat Sonja sich allerdings immer anders vorgestellt. Aber gibt es die große Liebe überhaupt oder ist sie nur eine Erfindung geldgieriger Hollywood-Regisseure, die mit den geheimen Sehnsüchten ihres Publikums spielen? Sobald Sonja verheiratet ist, wird bestimmt auch bald das Thema Nachwuchs aktuell. Dabei hat sie gerade jetzt, mit 31, endlich einen Job gefunden, der ihr Spaß macht, der sie herausfordert und in dem sie auch gute Zukunftschancen hat. Diesen Job jetzt wieder aufgeben? Nach der Babypause findet sie dann vielleicht keinen Anschluss mehr! Und überhaupt: Sollte man in die Welt von heute allen Ernstes Kinder setzen?

Mit ganz anderen Problemen schlägt sich Annika (29) herum. Nach der mittleren Reife machte sie eine Ausbildung zur Bürokauffrau, mit 21 lernte sie dann ihren Mann Philipp kennen, zwei Jahre später kam Kind Nummer eins, kurz darauf Nummer zwei. Nun gehen beide Sprösslinge zur Schule, da könnte Annika endlich wieder ein bisschen an sich denken. Den Rest des Lebens nur Hausfrau und Mutter? Nein, danke! Nur zu gern würde sie wieder in ihren alten Beruf einsteigen, doch ihr Mann will davon nur wenig wissen. »Warum bin ich plötzlich nicht mehr zufrieden mit dem, was ich habe? Ich habe einen Mann, den ich liebe, und zwei wunderbare Kinder. Warum reicht mir all das nicht einfach?«

Wer in der Quarterlife Crisis steckt, zweifelt an allem und jedem: Job, Partner, ja sogar der ganze bisherige Lebensentwurf wird infrage gestellt. Wir wissen – oder sind uns zumindest zu 99,5 Prozent sicher –, dass irgendetwas nicht so läuft, wie es eigentlich laufen sollte, andererseits haben wir keinen blassen Schimmer, was wir an unserer Situation ändern sollen und was wir stattdessen wollen. Wie gelähmt verharren wir in unserer Situation und sitzen das Problem lieber aus. Irgendwann wird es sich schon von selbst lösen, denken wir. Doch was, wenn nicht?

Ein Grund für dieses Verharren und Zögern ist unsere Unfähigkeit, klare Entscheidungen zu fällen. Wir sind uns nur zu bewusst, dass bereits eine einzige falsche Entscheidung unser Leben erheblich verändern und unter Umständen alles kaputtmachen kann. Was ist, wenn wir den ungeliebten Job kündigen und dann so schnell keinen neuen finden? Was ist, wenn wir heute heiraten und uns zwei Wochen später Hals über Kopf in einen anderen verlieben? Was passiert, wenn wir uns jetzt für ein Kind entscheiden und im zweiten Monat unserer Schwangerschaft plötzlich eine Stelle im Ausland angeboten bekommen?

Aus lauter Angst, eine falsche Entscheidung zu treffen, legen wir uns lieber gar nicht erst fest. Wir probieren unterschiedliche Lifestyles aus, wohnen mal in einer WG, dann wieder als Katzensitter im Penthouse eines Bekannten unserer Eltern, der beruflich für ein halbes Jahr ins Ausland musste. Wir studieren erst ein paar Semester Jura, um die Welt ein wenig gerechter zu machen, schwenken dann auf Kommunikationswissenschaft um, schließlich gehört die Zukunft den Medien, nur um am Ende eine Ausbildung zur Buchhändlerin zu absolvieren: Wir waren doch schon immer Leseratten. Oder wir nehmen gleich eine Reihe von unverbindlichen Jobs an: ob Fahrradkurier, Kellnerin oder Promoter – Hauptsache, wir können so schnell wie möglich wechseln, sobald sich eine neue Türe auftut.

Wir verlieben uns gerne und oft, doch sobald die ersten dunklen Wolken am rosaroten Horizont auftauchen, verkrümeln wir uns, anstatt uns mit unserem Partner (und mit uns selbst) auseinander zu setzen. Die Mode erlaubt (und befiehlt) uns, in einem Jahr Hippie, im nächsten Punk zu sein – was soll daran auch falsch sein? Madonna hat schließlich eine ganze Karriere darauf begründet, alle sechs Monate ihre Persönlichkeit zu wechseln. Warum sollten nicht auch wir uns dieses Recht herausnehmen dürfen? So wie wir uns nicht entscheiden können, welches Outfit das richtige für das Date mit dem Traummann ist, so können wir uns auch auf keinen Lebensentwurf festlegen. Für eine gewisse Zeit macht das Herumprobieren Spaß und ist auch durchaus sinnvoll: Erwachsen werden kann man auch später, außerdem ist es wichtig, herauszufinden, wer man ist und was man will.

Doch nicht wenige Endzwanziger bleiben in diesem Stadium stecken, das Herumexperimentieren wird zu einer Art Flucht vor sich selbst und dem wahren Leben. Plötzlich sehnt man sich nach etwas Stabilität, oder wie Claudia (34) es ausdrückt: »Ich habe die Nase voll vom ständigen Umziehen, von WGs und billigen Einzimmerwohnungen. Ich will endlich eine Wohnung, die Leisten zwischen Wand und Fußboden hat.« Plötzlich stehen wir da und müssen feststellen, dass wir bisher zwar eine Menge Spaß im Leben hatten, aber eigentlich nichts vorzuweisen haben – bis auf ein paar Tattoos und einen Lebenslauf, in dem allein der Abschnitt »Jobs und Praktika« fast zwei Seiten umfasst. Genau dann packt sie uns, die Quarterlife Crisis. »Hilfe, wer bin ich eigentlich?«, fragen wir uns plötzlich.

Meist reicht es schon, wenn nur in einem einzigen Bereich etwas schief läuft – egal, ob es sich dabei um Job, Partnerschaft oder Familie handelt –, und schon ist das gute Feeling komplett dahin. Unsere Unzufriedenheit dehnt sich auf alle Lebensbereiche aus und wir haben urplötzlich das Gefühl, auf der ganzen Linie versagt zu haben.

Andrea (27) weiß nur zu gut, wie sich das anfühlt. »Im Moment funktioniert bei mir gar nichts. Ich weiß nicht, ob mein Job so unbedingt das Wahre ist, ob überhaupt die Ausbildung das Richtige war. Ich hätte gerne eine glückliche Beziehung und irgendwann möchte ich auch an Kinder denken. Ich will einfach nur irgendein Ziel haben, auf das ich hinarbeiten kann. Aber zurzeit bin ich total ratlos.« Gewinnen diese Selbstzweifel, Versagensängste und die Orientierungslosigkeit die Oberhand, kann dies zu einer ernsthaften Identitätskrise, ja sogar zu Depressionen führen und es fällt uns schwer, aus der vermeintlich harmlosen Quarterlife Crisis wieder herauszufinden.

Während die Midlife Crisis hauptsächlich Männer heimsucht, ist die Quarterlife Crisis weit weniger wählerisch. Sie macht Männlein wie Weiblein das Leben gleichermaßen schwer. Ich würde sogar so weit gehen und sagen, dass Frauen weitaus stärker unter ihr leiden als Männer. Denn wir haben etwas, das uns zusätzlich unter Druck setzt: die biologische Uhr. Mit 30 wird es langsam allerhöchste Zeit, an Nachwuchs zu denken, denn unsere Fruchtbarkeit nimmt nun stetig ab. Doch wie sollen wir in unserem Leben Platz für Kinder schaffen, wenn wir noch nicht einmal wissen, wie dieses Leben überhaupt aussehen soll? Wenn wir gerade erst einen Beruf gefunden haben, der uns Spaß macht? Wenn weit und breit kein potenzieller Vater in Sicht ist? Die Kinderfrage ist ein weiterer Faktor, der uns dazu zwingt, unser bisheriges Dasein zu hinterfragen und eventuell sogar grundlegend zu ändern.

Wer sich bis hierher erfolgreich durch dieses Buch gekämpft hat, ohne es genervt von sich zu werfen, sollte sich jetzt einmal die folgenden Fragen stellen:

→ Denkst du hin und wieder Dinge wie »Soll das schon alles gewesen sein?«
→ Weißt du immer noch nicht, wer du eigentlich bist und was du mit deinem Leben anfangen willst?
→ Bist du nicht rundherum glücklich, obwohl du keinen »richtigen« Grund hast, mit deinem Leben unzufrieden zu sein?
→ Empfindest du Entsetzen bei der Vorstellung, dein Leben könnte bis zur Rente so weitergehen wie bisher?
→ Geistern dir immer häufiger Gedanken wie »Mit mir stimmt doch was nicht« durch den Kopf?
→ Bist du der Meinung, alle anderen hätten schon viel mehr erreicht als du?

Wenn du auf diese sechs Fragen mit »Nein« geantwortet hast, dann hast du das Geld für dieses Buch leider zum Fenster herausgeworfen und denkst dir vermutlich gerade: »Was will die eigentlich?« Du Glückspilz!

Trotzdem kann die Quarterlife Crisis auch in deinem Freundeskreis zuschlagen (oder vielleicht bist du ja auch nur ein Spätzünder). Willst du also nicht doch lieber weiterlesen?

Je öfter du dagegen mit »Ja«, »genau«, »unbedingt«, »Geht mir auch so!« und ähnlichen zustimmenden Bemerkungen geantwortet hast, umso mehr ist dieses Buch genau für dich geschrieben. Lies nur weiter und du wirst vielen Menschen begegnen, denen es ganz genauso geht wie dir.

## Ursachen der Quarterlife Crisis

»Ihr habt doch überhaupt keinen Grund, euch zu beklagen. Ihr seid jung, euch stehen alle Türen offen,« sagen unsere Eltern, die selbstverständlich immer nur das Beste für uns wollen, wenn wir einmal andeuten, dass es uns nicht unbedingt gut geht. Doch genau darin liegt auch schon das Problem. Zu viele Türen stehen uns offen, von denen wir jedoch nicht wissen, was sich dahinter verbirgt.

Es ist ein bisschen wie früher im Fernsehen bei »Geh aufs Ganze«. Hinter einem der Tore wartet der Hauptgewinn – ein Auto oder eine Weltreise –, hinter dem zweiten etwas Praktisches wie ein Fernseher – über das wir uns zwar auch freuen, aber nicht so richtig, denn wir hätten ja so viel mehr bekommen können – und hinter dem dritten Tor ist ganz einfach – nichts. Von außen betrachtet sehen alle Tore gleich aus, Freude oder Enttäuschung hängen von einer winzigen, rein willkürlichen Entscheidung ab.

Und genauso ist es auch im wahren Leben. Wir sollen uns für einen Lebensweg entscheiden, ohne zu wissen, welche Konsequenzen diese Entscheidung mit sich bringt. Ausbildung oder Studium? Heiraten oder nicht? Kind oder Karriere? Was ist der richtige Weg? Wir fühlen uns überfordert und aus lauter Angst, einen Fehler zu machen und uns so unter Umständen die ganze Zukunft zu versauen, entscheiden wir uns lieber überhaupt nicht. Stattdessen probieren wir mal das eine, mal das andere aus.

In dieser Haltung werden wir sogar noch unterstützt: Nike fordert uns seit Jahren auf: »Just do it«, doch was wir eigentlich tun sollen, sagt uns niemand. Microsoft fragte uns »Where do you want to go today?« und wusste ganz genau, dass wir unsere Richtung schon morgen wieder ändern konnten.

Die Entscheidungen an sich sind seit Jahren, Jahrzehnten, Jahrhunderten dieselben – Job, Partner, Familie –, die einzelnen Möglichkeiten haben sich hingegen unendlich vervielfältigt. Noch vor 40 Jahren konnte eine Frau beruflich nur zwischen einer Hand voll Lebenswege wählen: Krankenschwester, Friseurin, Lehrerin oder Hausfrau/Mutter. Heute ist von Herzchirurgin über Atomphysikerin, Popstar und Boxerin alles drin – zumindest theoretisch. Ob man heiratete oder nicht, war damals noch keine Frage. Sex war nun mal nur innerhalb der Ehe möglich und so nahm man eben den Erstbesten, der einem über den Weg lief und einem selbst wie auch den Eltern einigermaßen in den Kram passte. Spätestens mit dem ersten Kind war dann meist auch die Karriere zu Ende, denn Teilzeitstellen gab es kaum, von Tagesmüttern oder Kitas ganz zu schweigen.

Heute dagegen gibt es keine vorgegebenen Lebensmuster mehr. Eine junge Frau hat die Wahl zwischen unendlich vielen Möglichkeiten – kein Wunder, dass sie sich da schnell überfordert fühlt!

Als ob dies allein nicht schon kompliziert genug wäre, kommt dazu noch der Zwang, möglichst viel Spaß im Leben zu haben. Es reicht nicht, einfach »nur« einen sicheren Job und einen liebevollen Partner zu haben – nein, man muss aus seinem Leben das Größtmögliche herauspressen und es in vollen Zügen genießen. Nicht umsonst schossen in den letzten Jahren Fun-Jobs à la Eventpromoter und Ähnliches wie die Pilze aus dem Boden, denn sie hatten nicht nur den größtmöglichen Spaßfaktor, sondern versprachen auch noch jede Menge Kohle. Sogar die Internetbranche schien diese Perspektiven zu bieten, bevor die Dotcom-Millionäre dann reihenweise gewaltige Bauchlandungen erlitten. Als dumm – oder noch schlimmer: spießig – galten all diejenigen, die sich in traditionellen Berufen abrackerten, abends todmüde ins Bett fielen und zu nichts mehr zu gebrauchen waren. Wen wundert es da noch, dass der Durchschnittsarbeitnehmer dachte, er würde irgendwie zu kurz kommen?

Vergleichen wir doch einmal unser Leben mit dem unserer Eltern. Im Normalfall waren unsere Eltern mit 30 schon verheiratet (miteinander natürlich) und hatten ein bis zwei Kinder. Unsere Väter arbeiteten immer noch in demselben Job, den sie nach ihrer Ausbildung oder dem Studium begonnen hatten, unsere Mütter waren entweder Hausfrauen oder hatten einen familienfreundlichen Beruf, waren aber keine Karrierefrauen. Außerdem zahlten sie bereits ihren Kredit für ein Reihenhaus oder zumindest eine Eigentumswohnung ab. Kurz: Sie führten ein geregeltes Leben, nur um dann 15 Jahre später in die Midlife Crisis zu stürzen. Unsere Väter erlebten vielleicht einen zweiten Frühling, unsere Mütter versuchten sich in Volkshochschulen und Eso-Seminaren selbst zu verwirklichen und zu finden.

Und wir? Wir führen mit 30 nach außen hin zwar noch kein geregeltes Leben, doch haben wir trotzdem schon eine ganze Menge erlebt. Während unsere Eltern bis heute ihren Jahresurlaub in Bibione verbringen, waren wir in Thailand und auf Bali, in New York und London sowieso, und kennen sämtliche Clubs auf Ibiza und in Berlin. Wir hatten in unserem kurzen Leben schon mehr Jobs, als unsere Eltern je haben werden, dazu Erfahrungen in den unterschiedlichsten Berufsfeldern. Wir haben die verschiedensten Partner ausprobiert, um uns am Ende für denjenigen zu entscheiden, der wirklich unsere große Liebe ist, oder um zu dem Entschluss zu kommen: »Jeder Topf hat seinen Deckel? Ich wohl eher nicht!« Wir leben längst nicht mehr in der Stadt, in der wir geboren wurden, sondern haben bereits mehrere Umzüge hinter uns und vielleicht sogar einige Zeit im Ausland verbracht. Wir haben also mit 30 schon wesentlich mehr Erfahrungen gemacht als unsere Eltern. Warum sollten wir dann nicht auch unsere Midlife Crisis früher bekommen?

Was uns im Vergleich zu unseren Eltern jedoch fehlt, ist Stabilität. Einerseits freuen wir uns darüber, dass wir nicht Gefahr laufen, in einer langweiligen Routine stecken zu bleiben, und dass wir nicht mit 30 schon das Leben eines 60-Jährigen führen. Doch wie sollen wir andererseits eine vernünftige Lebensplanung angehen, wenn wir wissen, dass uns äußere Umstände alles zunichte machen können?

Berufsberater und Karriereratgeber sagen uns immer wieder, dass wir heute nicht mehr davon ausgehen können, 40 Jahre lang im selben Job zu arbeiten. Flexibel und mobil müssen wir sein, uns ständig weiterbilden, immer am Ball bleiben, dürfen uns nie auf unseren Lorbeeren ausruhen. Aber wie sollen wir an Familienplanung und Zukunftsvorsorge denken, wenn wir nur einen befristeten Arbeitsvertrag und außerdem keine Ahnung haben, wie unser Leben in sechs Monaten aussieht? Wie sollen wir eine gemeinsame Zukunft mit einem Partner planen, der vielleicht schon in zwei Monaten aus beruflichen Gründen ans andere Ende der Republik ziehen muss? Irgendwann müssen doch diese ständigen Provisorien ein Ende haben, irgendwann möchten wir einen Ort finden, an dem wir bleiben können, in einer Wohnung, die uns gehört oder die wir zumindest längerfristig gemietet haben. Mit einem Partner, der nicht morgen schon wieder weiterzieht.

Mit anderen Worten: Plötzlich sehnen wir uns nach ein wenig Stabilität. In unserem aufregenden Leben fehlt uns auf einmal etwas! Doch die Lösung des Problems ist nicht gerade einfach. Wirtschaftliche Sicherheit kann heute niemand mehr garantieren und auch der emotionale Rückhalt in einer Partnerschaft ist ständig gefährdet.

Ein weiterer Faktor, der uns die Entscheidung für einen bestimmten Lebensweg so schwer macht, ist das Fehlen eines festen Wertekanons. Altbewährte Tugenden wie Fleiß, Ehrlichkeit und Anständigkeit (was auch immer das sein mag) garantieren heute keinen Erfolg mehr. Führen wir uns nur einmal die so genannten Luder vor Augen. Unser moralisches (und vielleicht auch ein wenig feministisches) Empfinden verbietet uns, Frauen wie Jenny Elvers, Naddel & Co. zu bewundern. Tun sie nicht alles, nur um im Blitzlichtgewitter zu stehen und ihren Namen in der Zeitung zu lesen? Von medienwirksamen Affären und Schwangerschaften bis hin zu merkwürdigen Busenwiege-Aktionen – so etwas haben wir ganz bestimmt nicht nötig!

Und trotzdem: Hat Jenny Elvers nicht all das erreicht, was wir uns heimlich wünschen? Sie verdient ab und zu ein wenig Geld mit Fernsehmoderationen, trägt Versace-Klamotten und hat auch die Figur dazu; sie muss sich nicht einmal mehr Sorgen um ihre biologische Uhr machen, denn auch für Nachwuchs ist bereits gesorgt. Und nun hat sie in ihrem Manager wohl auch einen Partner abseits von Glanz und Glamour gefunden. Vielleicht sind wir also alle auch nur ein bisschen neidisch? Ob ihre Karriere »unmoralisch« war, kann nur Jenny selbst beurteilen und letztlich spielt das auch gar keine Rolle.

Es gibt keinen Wertekanon mehr, der uns vorschreibt, auf welche Weise wir glücklich werden sollen. Etliche Menschen haben vermutlich nicht gerade eine hohe Meinung von Jenny Elvers, doch kann ihr das letztendlich egal sein, denn sie hat ihr Glück gefunden.

Und was ist mit uns? Wir denken auch ab und zu darüber nach, uns den Busen mit Silikon aufpolstern zu lassen oder uns unter die Münchner Schickeria zu mischen und neben Boris Becker fotografieren zu lassen. Dann angeln wir uns einen Schauspieler, der gerade seine Midlife Crisis durchlebt, werden Sängerin oder fotogen schwanger und haben erst einmal ausgesorgt. Aber tun wir es? Nein, wir haben Skrupel und wollen uns lieber selbst treu bleiben (abgesehen davon, dass wir mit 30 sowieso schon viel zu alt für so was sind). Dennoch ärgern wir uns, dass andere so viel mehr erreicht haben als wir.

Überhaupt, diese ständigen Vergleiche mit anderen. Die »anderen«– das können unsere Freunde sein (»Wieso kann sich Sabine einen nagelneuen Golf leisten?«), alte Schulkameradinnen, von denen unsere Eltern am Telefon berichten (»Gestern habe ich Sandra gesehen, mit einem Kinderwagen!«) oder natürlich Stars und Sternchen (»Robbie Williams hat einen Plattenvertrag über 128 Millionen Euro unterschrieben – und ich? Ich habe noch nicht mal ein Auto!«). Oder Fernsehserien: Wie viele andere in meinem Alter habe auch ich Anfang der 90er unzählige Samstagnachmittage nicht im heimatlichen Friedberg verbracht, sondern in Beverly Hills, in Beverly Hills 90210, um genau zu sein. Als die Serie im Jahr 1990 startete, begann ich gerade mit dem Studium, Brandon, Kelly, Dylan & Co. waren hingegen in der High School. Ich konnte mich zwar noch gut mit ihren Problemen identifizieren, fühlte mich jedoch schon um einiges erwachsener und reifer und war froh, dass ich die Schulzeit endgültig hinter mir gelassen hatte. Allerdings dauerte es nicht lange und schon waren meine Freunde aus Beverly Hills am College und hatten mich eingeholt. Natürlich wohnten Kelly und Donna nicht in einem Dachzimmer bei ihren Eltern wie ich, sondern in einem hübschen Strandhaus und mussten auch ihr Geld nicht mit dummen Studentenjobs verdienen, sondern überhaupt nicht – es war einfach da! Und eines Tages – die kürzeren amerikanischen Studienzeiten machten es möglich – hatten sie mich plötzlich überholt. Ich schrieb immer noch an meiner Magisterarbeit, als Brandon & Co. bereits ihre ersten Jobs hatten. Und was das für Jobs waren! Nicht etwa irgendwelche Aushilfstätigkeiten, die sie über eine Zeitarbeitsfirma bekommen hatten – nein: Brandon und Steve gaben eine eigene Zeitung heraus, David wurde Musikproduzent und Donna Modedesignerin. Und dann hatten Brandons Eltern auch noch den Anstand, genau zum richtigen Zeitpunkt nach Hongkong auszuwandern, so dass ihr Sohnemann samt Freunden ihre Villa in Beverly Hills übernehmen konnte. Meine Eltern blockieren dagegen noch heute die unteren Stockwerke unseres Reihenhauses.

Spätestens zu diesem Zeitpunkt fühlte ich mich langsam wie ein Loser und verbrachte meine Samstagnachmittage immer seltener in Beverly Hills. Wieso sollte ich mich auch von einer Gruppe attraktiver Menschen unter Druck setzen lassen, deren Probleme sich nach einer Stunde in Wohlgefallen auflösten?

Wozu nun dieser lange Ausflug in die Fernsehwelt? Um zu zeigen, wie sehr wir dazu neigen, uns mit anderen zu vergleichen, nur weil sie zufällig dasselbe Alter haben wie wir. Da spielt es keine Rolle, dass diese anderen lediglich Fantasieprodukte von Drehbuchautoren sind – wir fühlen uns trotzdem mies!

Natürlich können uns auch Personen aus unserer unmittelbaren Umgebung gehörig unter Druck setzen, vor allem wenn sie uns von den Eltern noch als erstrebenswertes Vorbild vor die Nase gehalten werden. So vermied ich es zum Beispiel, zu meinem zehnten Abitreffen zu gehen, unter anderem deshalb, weil ich Angst hatte, man würde dort »selbstständige Buchautorin« als »arbeitslos« interpretieren und »Single mit Katze« als »hat wohl keinen abgekriegt«. Wenig später flatterte mir dann eine neue Abizeitung zum zehnjährigen Jubiläum ins Haus und ich konnte es gar nicht erwarten, nachzulesen, was denn aus all meinen Mitschülern geworden war. Einige waren Ärzte, Lehrer oder Anwälte geworden, andere hielten sich merkwürdig bedeckt über ihre Berufe. Einige lebten im Ausland. Etliche waren verheiratet. Manche hatten Kinder, allerdings längst nicht so viele, wie ich angenommen hatte. Bei dem ein oder anderen dachte ich mir: »Mensch, toll, was aus der geworden ist! Mein Leben sieht dagegen so viel langweiliger aus.« Aber konnte ich sehen, welche Menschen wirklich hinter diesen kurzen Beschreibungen in der Abizeitung steckten? Wusste ich, ob der ehemalige Mitschüler, der mit seiner Traumfrau in den USA wohnte, auch wirklich glücklich war? Ob die Klassenkameradin, die mit Mann und zwei Kindern auf einem Bauernhof auf dem Lande lebte, nicht am liebsten morgen alles hinwerfen und eine Weltreise machen würde? Ob der Einserschüler, der natürlich Medizin studiert hatte, nicht viel lieber eine einfache Banklehre gemacht hätte? Mit anderen Worten: Ob nicht jeder dieser Mustererwachsenen womöglich gerade seine ureigene persönliche Quarterlife Crisis durchlebte?

Ich wusste es nicht, denn damit brüstete sich natürlich niemand. Daran sieht man auch schon, wie unsinnig diese Vergleiche mit anderen eigentlich sind. Beruf, Geld, Ehemann, Kinder und Eigenheim sind lediglich Äußerlichkeiten, sie geben keinerlei Auskunft darüber, wie glücklich jemand ist. Vielleicht haben wir tatsächlich »weniger« erreicht als alle anderen, vielleicht aber auch viel mehr!

Nicht zuletzt übt auch noch das abstrakte, immer gern zitierte Gebilde »Gesellschaft« einen ganz erheblichen Druck auf uns aus, indem es ganz bestimmte Erwartungen an uns stellt, die wir gefälligst zu erfüllen haben. Dabei geht die Gesellschaft durchaus subtil vor. Einerseits suggeriert sie uns, dass es heutzutage keine festen Lebensmuster und Wertvorstellungen mehr gibt und dass jeder auf seine Weise glücklich werden sollte. Andererseits vertritt sie jedoch auch die Meinung, dass man mit 30 nicht mehr unbedingt in einer WG leben, als Kellnerin jobben und blaue Haare haben sollte. All diese Dinge sagt sie uns natürlich nicht direkt ins Gesicht, sondern lässt Personalchefs (»Sie haben ja einen recht eigenwilligen Lebenslauf!«), Anlageberater (»Sie sollten langsam etwas für Ihre Rente tun, sonst nagen Sie später mal am Hungertuch!«) und Verwandte über 50 (»Peter? Letztes Weihnachten hieß dein Freund noch Michael!«) für sich sprechen. Die Folge: Automatisch fühlen wir uns schuldig und beginnen darüber nachzudenken, warum in drei Teufels Namen wir noch nicht so weit sind, wie wir eigentlich sein sollten. Wir haben das Gefühl, mit uns stimme etwas nicht, und schwupps – befinden wir uns mitten in der Quarterlife Crisis.

Zu guter Letzt gibt es da noch jemanden, mit dem wir uns allzu gerne vergleichen – und dabei meist schlechter abschneiden, als uns lieb ist: mit uns selbst oder besser gesagt mit unseren Träumen und Erwartungen, die sich bisher nicht erfüllt haben. Auslöser für diesen großen Vergleich ist oft ein ganz spezifisches Datum, das wir uns mit 15 noch nicht einmal vorstellen konnten, das jetzt aber Tag für Tag näher rückt und das wir nicht aufhalten können: unser 30. Geburtstag.

## Der 30. Geburtstag:
## Bahn frei für den Nervenzusammenbruch

Wie der 18. Geburtstag ist auch der 30. ein Meilenstein in unserem Leben, allerdings eher ein gefürchteter. In den Tagen, Wochen und Monaten vor der heiß ersehnten Volljährigkeit überwogen Euphorie und Vorfreude und wir dachten uns: »Endlich 18! Jetzt fängt das Leben richtig an!« Nun, mit fast 30, befürchten wir etwas ganz anderes: »Ist mein Leben vielleicht schon vorbei?« Vergleichsweise wenig einschneidend war dagegen der 20. Geburtstag. Zwar stand nun plötzlich eine »2« an erster Stelle unserer Altersangabe, doch machte uns dies noch gar nichts aus – ganz im Gegenteil. Wir waren froh, das Teenie-Alter nun endgültig hinter uns gelassen zu haben. Aber die 30? Nur zu gut haben wir den alten Spruch »Trau keinem über 30!« im Ohr und fragen uns nun: Können wir uns jetzt etwa selbst nicht mehr über den Weg trauen? Je näher dieses ominöse Datum rückt, umso mehr beschleicht uns die Angst, wir könnten an jenem Tag aufwachen und wären nun plötzlich spießig, langweilig und alt – mit anderen Worten: wie unsere Eltern.

Dieses unheilvolle Gefühl kommt vor allem daher, dass wir den 30. Geburtstag bisher immer unendlich weit weg glaubten. Wir wussten zwar, dass es ihn gab, so wie es auch Lottogewinne, Steuerprüfungen und Frauen gab, die auch ohne Dauerdiät in Größe 36 passen. Richtig vorstellen konnten wir uns das jedoch nicht. Noch mit 28 schien es mir absolut undenkbar, einmal das biblische Alter von 30 zu erreichen. Erst als ab meinem 29. Geburtstag langsam der Count-down begann, holte mich die grausame Realität ein (verstärkt noch durch die gehässigen Kommentare meiner Eltern und Freunde: »Ja, ja, nächstes Jahr wirst du auch schon 30!«).

Wie weit weg dieser ominöse Geburtstag erst für einen Teenager sein muss, wurde mir klar, als ich mit 23 eine Gruppe Sprachschüler in England betreute. Das war zu Zeiten des Technobooms und etliche 15-Jährige erzählten mir ohne Hemmungen, dass es für sie völlig normal sei, das ganze Wochenende durchzufeiern und dabei unter anderem Ecstasy zu nehmen. Nun, ich hatte als Betreuerin nicht nur einen pädagogischen Auftrag, sondern wollte auch gewiss nicht in den Knast wandern, nur weil eines meiner Schäfchen mit Drogen ertappt wurde. Also setzte ich eine ernste Miene auf und versuchte den Kids zu erklären, dass Drogen nicht unbedingt gesund seien und man auch noch gar nicht wisse, welche Langzeitfolgen Ecstasy haben kann. Ich endete mit den schlauen Worten: »Willst du etwa, dass dein Gehirn mit 30 aussieht wie ein Schweizer Käse?« Verständnislose Blicke trafen mich und eines der Mädchen sagte doch tatsächlich: »Mit 30 ist doch eh schon alles zu Ende.«

Typisch für mich, dass ich diesen Satz sofort verdrängte. Doch am Vorabend meines 30. Geburtstags meldete er sich plötzlich aus meinem Unterbewusstsein und wies mich sanft darauf hin, dass ich aus der Perspektive eines Teenies im Grunde bereits mit einem Fuß im Grab stand. Sollte ich wirklich schon so alt sein?

Und trotzdem: So weit entfernt uns der 30. Geburtstag als Teenager auch schien, wer von uns hat sich nicht mit 16, 17 oder 18 heimlich einmal Gedanken darüber gemacht, wie sein Leben mit 30 wohl aussehen könnte? Bei mir sah das ungefähr so aus: Ich arbeitete als Englischlehrerin (Englisch war schon immer mein Lieblingsfach) und war natürlich verheiratet, und zwar mit einem Mann, der Tierarzt oder sonst etwas Nützliches war. Irgendwie hatte ich es neben Studium und Referendariat auch noch geschafft, drei Kinder zu bekommen, die Annika, Camilla und Patrick hießen (wir verbrachten unseren Urlaub früher immer in Schweden, das musste mich wohl irgendwie beeinflusst haben). Wir lebten in einem Häuschen auf dem Lande mit Pferden, Hunden und Katzen, und wenn wir nicht gestorben sind, so leben wir dort noch heute. Zwischendurch nisteten sich zwar hin und wieder auch andere Träume in meinen Gedanken ein (ich als Archäologin, die große Entdeckungen in Ägypten macht, oder als Kapitänin, die sich auf den sieben Weltmeeren herumtreibt), doch irgendwie kehrte ich am Ende jedes Mal wieder zu meinem Lehrerinnen-Kinder-Landleben-Idyll zurück.

Und wie lief es in Wirklichkeit? Das Einzige, was ich tatsächlich davon realisiert habe, war Anglistik zu studieren, allerdings von Anfang an mit dem Ziel, ganz bestimmt niemals Lehrerin zu werden. Ich bin in dieser Hinsicht nämlich erblich vorbelastet, mein Vater ist Lehrer und so verbot mir meine rebellische Ader, in seine Fußstapfen zu treten. Um gar nicht erst in Versuchung zu geraten, schrieb ich mich lieber gleich für einen Magisterstudiengang ein. Und der Rest dieses Traumes? Nichts davon habe ich erreicht! Darüber bin ich eigentlich auch gar nicht unglücklich, denn ehrlich gesagt lebe ich ganz gerne in der Stadt. Und die drei Kinder? Nein, ich bin erst einmal froh, dass ich nur für mich selbst Verantwortung übernehmen muss, das ist nämlich manchmal schon schwierig genug.

Warum denke ich also an diese blöden Träume, die ich mit 16 hatte – in einem Alter, in dem ich eine Dauerwelle hatte und Tom Cruise für den schönsten Mann der Welt hielt? In unserer Gesellschaft herrscht nach wie vor das gängige Bild vor, man solle mit 30 sein Leben endlich im Griff haben und wissen, wie man sich seine Zukunft vorstellt. Deshalb nehmen wir diesen runden Geburtstag nur zu gerne zum Anlass, unser bisheriges Leben Revue passieren zu lassen und eine erste Bilanz über Erfolge und Misserfolge zu ziehen. Und häufig gefällt uns eben überhaupt nicht, was wir da zu sehen bekommen: sicherer Job, Partner, Familie, Haus? Fehlanzeige!

Nicht nur Otto Normalverbraucher hat übrigens mit diesem Problem zu kämpfen, auch Brad Pitt kam angesichts seines 30. Geburtstages zu der weisen Erkenntnis: »Als ich 30 wurde, habe ich mir gesagt: Jetzt gibt es keine Entschuldigungen mehr. Ich muss wissen, was ich will.« An Jobperspektiven und Geld dürfte es Mr. Pitt damals wohl kaum gefehlt haben (und an willigen Frauen, die sofort eine Familie mit ihm gegründet hätten, wohl auch nicht). In einem Aspekt war er uns dennoch erstaunlich ähnlich. Auch ein Hollywood-Star, der offenkundig überaus erfolgreich war, fühlte sich mit 30 nicht unbedingt erwachsen. Die Quarterlife Crisis ist eben nicht wählerisch, sie schlägt in Hollywood ebenso zu wie in Hofhegnenberg.

Irgendwann kurz vor dem »Tag der großen Bestandsaufnahme« schockierte mich eine Frauenzeitschrift mit einer Liste namens »30 Dinge, die eine Frau vor ihrem 30. Geburtstag getan haben sollte«. Darunter fanden sich unter anderem »zitternd einen Schwangerschaftstest gemacht und erleichtert festgestellt haben, dass er negativ ist«, »wilden Sex an einem ungewöhnlichen Ort erlebt haben, etwa Flugzeugtoilette, Kino oder Baggersee« und »ein Auto in einen totalen Schrotthaufen verwandelt haben«. Zugegeben, alles keine völlig unrealistischen Szenarien, aber trotzdem: Gründlich wie ich nun einmal bin, hakte ich alles ab, was ich bereits hinter mich gebracht hatte, und kam zu einem niederschmetternden Ergebnis. Nur bei sieben Dingen konnte ich sagen: »Ja, das habe ich tatsächlich schon erlebt.« Sofort war ich deprimiert und dachte: »Mein Gott, ich habe ja so viel verpasst in meinem Leben. Alles mache ich falsch. Ich bin noch gar nicht reif genug, um endgültig erwachsen zu werden. Kurz: Ich bin ein Versager!«

Sofort rief ich eine Freundin an, um ihr mein Leid zu klagen, doch siehe da: Sie schnitt auch nicht viel besser ab. Und dann dachten wir nach. Was war eigentlich so schlimm daran, noch keine eingebildete Schwangerschaft durchgestanden zu haben? Und wollte ich wirklich Sex in der Öffentlichkeit haben und dabei am Ende noch ertappt werden? Genug Geld, um irgendwelche Autos in Schrotthaufen zu verwandeln, hatte ich auch nicht. Etliche Punkte auf dieser Liste wollte ich am liebsten sogar überhaupt nicht erleben, nicht vor und auch nicht nach meinem 30. Geburtstag. Dennoch ließ ich mich von ihr unter Druck setzen und fühlte mich einen kurzen Moment lang als Versager. Wieder einmal kam es mir so vor, als sei in meinem Leben irgendetwas zu kurz gekommen.

Solche Listen sind natürlich nicht ernst gemeint und werden wohl kaum eine handfeste Quarterlife Crisis auslösen können, trotzdem verstärken sie einen klitzekleinen Augenblick lang das Gefühl, alle anderen Gleichaltrigen wären schon viel weiter als wir. Der 30. Geburtstag macht uns also auch deshalb so zu schaffen, weil wir auf einmal über unser Leben nachdenken, anstatt es einfach nur zu genießen.

Außerdem müssen wir ab einem gewissen Alter auf einmal etwas weiter vorausplanen als nur für die nächsten paar Wochen oder Monate. Das ist neu und fällt uns daher zunächst einmal schwer. Während der Schule, der Ausbildung oder des Studiums reichte es völlig aus, bis zum Ende des Schuljahres oder des Semesters zu planen. Nun sollen wir plötzlich weiter in die Zukunft schauen. Mit dieser Frage werden wir häufig in einem Vorstellungsgespräch zum ersten Mal konfrontiert: »Wo sehen Sie sich in fünf Jahren?«, will der Personalchef wissen und bringt uns damit ganz schön ins Grübeln. Natürlich bezieht sich seine Neugier lediglich auf den beruflichen Aspekt unseres Lebens, doch wie sollen wir diesen von unserem Privatleben trennen? Wenn wir zum Beispiel spätestens in zwei Jahren Kinder möchten, sollten wir dies dem Personalchef lieber nicht auf die Nase binden, doch können wir uns da wirklich im Voraus festlegen? Fünf Jahre – das ist doch unendlich weit weg!

Das dachte auch ich mir, als mir meine Oma zum Abitur einen Sparbrief nach folgendem Modell schenkte: Sie zahlte einen festen Betrag, damals waren dies so um die 650 DM, auf ein Konto ein und mit den Zinsen wuchs diese Summe dann in fünf Jahren auf 1.000,- DM an. Ich wusste damals nicht so recht, ob ich mich über ein solches Geschenk freuen sollte, schließlich hatte ich zunächst einmal gar nichts davon und fünf Jahre warten – wer wusste denn, ob ich dann überhaupt noch lebte? Zu meiner Überraschung vergingen die fünf Jahre schneller, als ich gedacht hatte, und die Bank schenkte mir immerhin rund 350,- DM. Von selbst wäre ich allerdings nie auf eine solche Idee gekommen, so weit vorausplanen konnte ich nun wirklich nicht.

Auch heute noch habe ich einen unergründlichen Horror vor Bausparverträgen und allen Möglichkeiten der Geldanlage, bei denen ich nicht von einem Tag auf den anderen sofort Zugriff auf mein Erspartes habe, auch wenn ich genau weiß, dass mir deshalb so einiges an Zinsen durch die Lappen geht. Doch man kann schließlich nie wissen, ob ich nicht morgen auf einmal Hab und Gut verkaufen und ein neues Leben auf einer einsamen Insel anfangen will. Immerhin habe ich mich dazu durchgerungen, eine private Zusatzrente abzuschließen, da ich als Freiberuflerin dann lieber doch nicht arbeiten möchte, bis ich tot umfalle. Trotzdem grämt es mich, dass da jeden Monat Geld von meinem Konto abgeht und ich jetzt noch gar nichts davon habe.

Es lässt sich nun einmal nicht auf ewig vermeiden, im Leben etwas weiter vorauszuplanen, und das fällt uns vor allem dann schwer, wenn wir nicht wissen, wo wir eigentlich hinwollen. Genau diese Tatsache bildet den idealen Nährboden für eine Quarterlife Crisis.

## Von Aufschieben bis Zögern: Symptome der Quarterlife Crisis

Solange wir lediglich ein bisschen grübeln und nur hin und wieder mit unserem Leben unzufrieden sind, stellt die Quarterlife Crisis keine ernst zu nehmende Gefahr für unser Wohlergehen dar, ganz im Gegenteil. Man muss sein Leben ab und zu einmal kritisch unter die Lupe nehmen, um herauszufinden, ob alles nach Plan läuft. Schließlich ist Unzufriedenheit der erste Anstoß, etwas an seiner Situation zu ändern. Doch viele junge Menschen, die in der Quarterlife Crisis stecken, ergreifen diese Chancen und Gelegenheiten nicht. Sie wissen zwar, dass etwas in ihrem Leben besser laufen könnte – egal ob Job oder Partnerschaft –, doch bringen sie nicht genügend Energie auf, um etwas dagegen zu tun. Probleme bei der Entscheidungsfindung werden dann eben dadurch »gelöst«, dass man sich gar nicht entscheidet bzw. die Entscheidungen aufschiebt, bis sich von selbst eine Lösung ergibt.

Auch ich war gegen diese Aufschiebetaktik nicht immun. Eine Zeit lang fuhr ich nämlich zweigleisig, arbeitete vormittags als Angestellte in einer Medienagentur, nachmittags freiberuflich als Buchautorin und Übersetzerin. Ständig hatte ich dabei das Gefühl, mich zwischen zwei Jobs zerreißen zu müssen. Mal war in der Agentur viel zu tun, ich machte Überstunden und musste meine Bücher am Wochenende schreiben. In anderen Phasen stand ich mit meiner freiberuflichen Arbeit unter Zeitdruck und musste meinen Urlaub von der Agentur opfern, um zu Hause weiterzuarbeiten. Sicher, es war schön, dass mein Chef meine Sozialversicherungen bezahlte, und ich genoss es, Kollegen zu haben, mit denen ich mich austauschen konnte. Aber eigentlich machte mir das

Schreiben und Übersetzen viel mehr Spaß als die Arbeit in der Agentur. Doch kündigen? Was, wenn ich dann keine Aufträge mehr bekäme? Aus Angst, die falsche Entscheidung zu fällen, unternahm ich erst einmal gar nichts, kämpfte weiterhin mit meinen zwei Jobs und quälte mich mit dem Gedanken, zwei halbe Sachen zu machen, jedoch keine davon richtig und gut. Vermutlich wäre dies noch jahrelang so weitergegangen, wenn, ja wenn mein Chef mich nicht aus konjunkturellen Gründen entlassen hätte. Natürlich war ich darüber zunächst einmal schockiert, doch schließlich nahm ich die Chance für einen Neuanfang dankbar an.

Und siehe da: Obwohl ich jetzt schon ein Jahr ganz selbstständig bin, muss ich noch lange nicht die abgelegten Klamotten meiner Freundinnen tragen und mich tagtäglich von Tütensuppen und Resten ernähren. Meine Arbeit macht mir Spaß und ich kann mir sechs Wochen Urlaub am Stück leisten, was will ich also mehr? Doch was wäre passiert, wenn ich nicht diesen Anstoß von außen bekommen hätte? Ich weiß es nicht. Gut möglich, dass ich dann immer noch zweigleisig fahren würde, wohl wissend, dass dies nicht das Richtige ist, aber unfähig, etwas an meiner Situation zu ändern.

Nun war ich jedoch in der glücklichen Lage, eigentlich zu wissen, was ich wollte, ich wagte es nur nicht, meine Ideen umzusetzen. Bei vielen anderen Mitt- und Endzwanzigern führt die Quarterlife Crisis vielmehr zu Orientierungslosigkeit und einem Gefühl der Hilflosigkeit, ja sogar zu einer echten Identitätskrise. Da ihnen so viele Türen offen stehen, probieren sie mal dieses und mal jenes aus, doch das »Richtige« ist nie dabei und so geht es eben ab zum nächsten Versuch. Irgendwann stehen diese Leute dann da und fragen sich: »Wo will ich eigentlich hin in meinem Leben?« und »Wer bin ich überhaupt?« Jetzt ist erst einmal ernsthaftes Nachdenken angesagt.

Wieder andere verfallen in einen hektischen Perfektionismus. Sie haben ihr Leben gewissenhaft vorausgeplant und wissen genau: »Mit 30 will ich so und so viel Geld im Monat verdienen und verheiratet sein.« Deshalb geben sie im Job alles, um nur ja ihre Stelle zu behalten und möglichst früh die Karriereleiter emporzuklettern. Im Privatleben setzen sie alles daran, ein gemütliches Nest zu bauen, in dem sich der Partner wohl fühlt. Anstatt am Samstagmorgen lange auszuschlafen, fahren sie zu Ikea, um noch schnell 100 Teelichter und ein weiteres Billy-Regal zu kaufen. Eines Tages kommen ihnen Zweifel: »Wo bleiben eigentlich meine Wünsche und Träume? Wollte ich nicht noch mal mit dem Rucksack durch Australien ziehen? Wenn ich erst mal Kinder habe, kann ich mir das abschminken. Und wann habe ich das letzte Mal ein richtig gutes Buch gelesen? Einfach nur so in den Tag hineingelebt?«

Nun wäre es im Grunde an der Zeit, die Notbremse zu ziehen, in sich hineinzuhorchen und sich zu fragen, ob diese Lebensplanung immer noch den ursprünglichen Wünschen und Plänen entspricht. Selbst wenn dies der Fall ist, können einem immer noch äußere Umstände einen Strich durch die Rechnung machen. So kann zum Beispiel die Firma Pleite gehen und man muss plötzlich wieder ganz von vorne anfangen oder der Partner bekommt unerwartet kalte Füße und man steht dann mit einem fertigen Nest, aber ohne Mitbewohner da. In einem solchen Fall stürzt die ganze Lebensplanung über einem zusammen und aus einer Quarterlife Crisis wird schnell eine ernsthafte Lebenskrise.

So schlimm kommt es zum Glück jedoch nur selten. Allerdings ist dies kein echter Trost, denn die »normalen« Symptome einer Quarterlife Crisis reichen bereits aus, um uns den Spaß am Leben für eine Weile gehörig zu vermiesen. Selbst wenn nur in einem einzigen Lebensbereich etwas schief läuft, so beeinflusst dies unser ganzes Leben. Lassen wir uns von Eltern, Gesellschaft, Freunden oder auch unseren eigenen unrealistischen Träumen derart unter Druck setzen, dass wir uns wertlos und klein vorkommen, leidet darunter auch unser Selbstbewusstsein ganz erheblich.

Und genau da beginnt der Teufelskreis. Wenn es uns nämlich am nötigen Selbstbewusstsein mangelt, um unser Leben selbst in die Hand zu nehmen, und wir uns stattdessen immer wieder einreden: »Ich bin ein Versager, ich kann und habe gar nichts«, so werden wir auch nicht die Kraft aufbringen, etwas an unserer Situation zu ändern. Wir verharren in unserer Quarterlife Crisis, leiden still vor uns hin und leben nicht, sondern werden gelebt.

# Willkommen im Leben: der erste Job

Stürzen wir uns also mitten hinein in die einzelnen Bereiche der Quarterlife Crisis. Warum ich dabei ausgerechnet mit der Arbeit beginne? Gibt es denn nichts Angenehmeres?

Ganz einfach: Wir verbringen nun einmal ziemlich viel Zeit am Arbeitsplatz. Gehen wir einmal von einer »normalen« Arbeitszeit von acht Stunden pro Tag aus (bei der es, wie wir wissen, nur in den seltensten Fällen bleibt), so ist das immerhin ein Drittel des gesamten Tages. Auf jeden Fall verbringen wir mehr Zeit mit dem Erledigen von sinnvollen oder sinnlosen Aufgaben als auf dem Squashcourt oder in der Disco, mehr Zeit mit unseren Kollegen als mit unserem Partner oder Freunden. Wenn wir Probleme mit dem Job haben, ist also ein Drittel unseres Lebens versaut – kein Wunder, dass darunter auch andere Bereiche wie Partnerschaft und Freizeitverhalten leiden.

Hauptauslöser für eine Quarterlife Crisis ist häufig der erste Job, und dabei vor allem die erste Stelle nach dem Studium. Zum Zeitpunkt unseres 30. Geburtstages ist der Job oft alles, was wir vorzuweisen haben – wir waren in den letzten Jahren so sehr mit unserer Karriere beschäftigt, dass Privatleben und Freizeit erst einmal auf der Strecke blieben. Nun trifft es uns daher umso härter. Wir haben jahrelang geschuftet, um etwas zu erreichen – und dann? Wo sind wir eigentlich und was kommt jetzt?

Diese Frage stellen sich auch Kerstin und Sandra. Kerstin (27) arbeitete nach ihrem Grafikdesignstudium zwei Jahre in einer Internetfirma. Doch auf die Dauer war das nichts. »Internet ist zwar ganz nett, aber nach zwei Jahren bietet es auch nicht mehr viel Neues. Eigentlich war mir von Anfang an klar, dass das kein Job für die Ewigkeit ist.« Kerstin kündigte und reiste erst einmal ein halbes Jahr durch Südamerika. Nun ist sie wieder in Deutschland und weiß nicht, wie es weitergehen soll. Sie jobbt nebenbei freiberuflich als Grafikerin und schaut erst mal, »was so kommt«.

Sandra (31) begann nach dem Abitur zunächst ein Lehramtsstudium, obwohl sie eigentlich von Anfang an keinesfalls Lehrerin werden wollte. Nach dem ersten Schulpraktikum warf sie das Studium hin, es folgte eine Lehre zur Reiseverkehrskauffrau. Nach drei Jahren im Reisebüro stand der nächste Wechsel an. »Auf die Dauer fühle ich mich hier unterfordert, irgendwie ist die Arbeit doch immer dasselbe. Außerdem mache ich mir Sorgen um meinen Job. So viele Buchungen werden heute über das Internet abgewickelt, wer weiß, ob ich in zehn Jahren überhaupt noch Arbeit habe?« Inzwischen steht Sandra kurz vor dem Abschluss ihres Psychologiestudiums und ist sich sicher, dass sie dieses Mal das Richtige gefunden hat. »Probleme haben die Leute immer. Und ich glaube, dass ich dafür auch wirklich gut geeignet bin.«

Kerstin und Sandra sind keine Einzelfälle. Immer mehr jungen Menschen fällt es schwer, sich für eine Ausbildung zu entscheiden oder sich auf einen Berufsweg festzulegen. Da wird endlos herumprobiert und experimentiert, eine Ausbildung oder ein Studiengang nach dem anderen begonnen und wieder abgebrochen, Jobs werden gewechselt wie die sprichwörtlichen Hemden. Und am Horizont steht fast immer die ominöse Doktorarbeit, das Referendariat, der lange geplante Auslandsaufenthalt, kurz: jede Möglichkeit, um die drohende Entscheidung noch ein wenig hinauszuschieben. Warum nur fällt es uns so schwer, uns für eine Ausbildung oder einen Beruf zu entscheiden? Unsere Eltern haben auch nicht jahrelang studiert. Warum also stellen wir uns bloß so an?

## Der Mensch ist, was er arbeitet: der Job als wichtigste Selbstdefinition

Ob beim Smalltalk auf der Party, beim Plausch im Fitnesscenter oder an der Strandbar in Florida, immer wieder spielt sich dieselbe Szene ab. Egal, wo wir neue Menschen kennen lernen, meist dauert es nur wenige Minuten, bevor sie gestellt wird, die alles entscheidende Frage: »Und was machst du so?« Gemeint ist nicht etwa, ob wir gerade unsere Zähne in ein Sushi-Häppchen schlagen oder uns auf dem Laufband abstrampeln – nein, unser Gesprächspartner will schlicht und ergreifend wissen, womit wir unsere Brötchen verdienen.

Zu beneiden sind nun all diejenigen, die auf diese Frage ganz cool antworten können: »Ich habe meine eigene Multimedia-Agentur. Vor zwei Jahren angefangen, heute schon zehn Angestellte« oder: »Ich bin Moderatorin eines Reisemagazins. Gestern war ich noch in Südafrika, morgen geht's ab nach L.A.« Die Reaktion ist stets dieselbe: »Wow, erzähl mir mehr«. Automatisch landen diese Glückspilze in der Schublade »interessant, muss ich unbedingt näher kennen lernen«.

Die Realität sieht leider meist anders aus. »Ach, ich jobbe gerade bei einem Catering-Service, bis ich eine Stelle gefunden habe. Ich will irgendetwas im Medienbereich machen« oder »Ich bin momentan Sekretärin bei einer IT-Firma, doch eigentlich habe ich Jura studiert. Mit Jobs sieht's da allerdings gerade total schlecht aus. Sekretärin ist jedenfalls nicht mein Traumberuf.« Das »Wow« bleibt hier erst einmal aus und auf der sprichwörtlichen Schublade steht eher »weiß nicht, was sie will« oder »Langweiler«.

Mitt- und Endzwanziger definieren sich in erster Linie über ihren Beruf, denn meist haben sie sonst noch nichts erreicht: Hochzeit, Kinder – das alles ist zwar irgendwie geplant, doch zuerst muss man sich einmal seinen Platz in der Welt erobern, und das läuft nun einmal über den Job. Es ist doch auch wirklich schön, wenn man statt »Ich studiere Germanistik« (mit anderen Worten: »Ich lebe von Papis Geld, hänge die meiste Zeit in verräucherten Kneipen herum und führe tiefsinnige Gespräche«) plötzlich sagen kann: »Ich mache ein Volontariat bei der Zeitschrift XY« (sprich: »Ich führe ein verantwortungsvolles, erwachsenes Leben«).

Was jemand in seiner Freizeit tut, ist nebensächlich. Es interessiert einfach niemanden, dass die Referendarin in ihrer knapp bemessenen Freizeit kostenlos Asylbewerber unterrichtet oder dass die unfreiwillige Sekretärin Sängerin einer Rockband ist – kurz: all diejenigen Dinge, die einen Menschen erst zu einem Individuum machen. O nein! Der Mensch ist, was er arbeitet. Der Job bestimmt sein gesellschaftliches Ansehen und seinen Status.

Dieses Denkmuster mag uns zu Recht oberflächlich erscheinen, ist allerdings keineswegs neu. Haben wir nicht bereits während der Studienzeit unsere Bekannten nur allzu gerne in Schubladen gesteckt? Ganz nach dem Motto »BWL: karrieregeil und geldgierig, Magister: realitätsferner Träumer und zukünftiger Arbeitsloser«? So lauteten damals unsere simplen, doch ach so praktischen Definitionen. Studienfach oder Ausbildung entschieden darüber, mit wem wir auf einer Wellenlänge lagen und etwas zu tun haben wollten.

Genauso ist es letztendlich auch geblieben. »Der Martin ist ja wirklich ein netter Kerl, interessiert sich sogar für Philosophie, aber Polizeiverwaltungsbeamter? Um Gottes willen, bloß nicht!« So oder so ähnlich denken wir noch heute. Der Beruf hat das Studienfach als unser oberstes Beurteilungs- und Bewertungskriterium abgelöst.

In der Regel darf es jedoch nicht nur einfach irgendein Beruf sein. Während es zur Studienzeit noch völlig akzeptabel war, nebenbei als Taxifahrer zu jobben, ab und zu an der Tankstelle auszuhelfen oder im Kino Plätze zuzuweisen, so sieht das mit 30 anders aus. Wer in dem Alter bei einem solchen Job hängen geblieben ist, hat die Kurve zum »wahren Leben« nicht gekriegt, hat sich nicht weiterentwickelt und macht offenkundig irgendetwas falsch.

»Du musst dich endlich dem Ernst des Lebens stellen«, fordern die Eltern und wollen natürlich nur das Beste für uns. Die ehemaligen Kommilitoninnen, längst mit Kleinwagen, Zwei-Zimmer-Mietwohnung und Bausparvertrag ausgestattet, haben nur noch mitleidige Blicke für das arme Wesen übrig, das immer noch in einem Mini-Appartement wohnen muss und kein Geld hat, um übers Wochenende mal eben mit an den Gardasee zu fahren.

Was wir mit unserem Leben anfangen, mit anderen Worten, was wir arbeiten, ist also ausschlaggebend dafür, wie wir von unserer Umgebung wahrgenommen werden. Treffen wir mit unserer Berufswahl auf allgemeine Begeisterung und Zustimmung, so gelten wir als interessant, bewundernswert oder »hip«. Könnte es bessere Streicheleinheiten für unser Ego geben als eine solche gesellschaftliche Anerkennung? Unser Selbstbewusstein schießt in unbekannte Höhen – und wir sind glücklich.

Doch sind wir das wirklich? Wir können unser Selbstbewusstsein nur dann aus unserem Job beziehen, wenn wir mit ihm auch zufrieden sind – und zwar nicht nur in finanzieller Hinsicht.

Nicht selten verhält es sich allerdings ganz anders. Gerade der erste Job nach dem Studium kann sehr unbefriedigend sein. Meist sind wir so froh, endlich eine feste Stelle gefunden zu haben, dass es uns erst einmal egal ist, was wir nun eigentlich machen. Hauptsache, wir können davon die Miete bezahlen, ist ja schließlich nicht für immer! Oft schlittern wir auch über ein Praktikum oder eine Zeitarbeitsfirma in einen Job hinein und freuen uns, dass uns der übliche Bewerbungsmarathon mit frustrierenden Absagen erst einmal erspart geblieben ist. Dass wir uns gar nicht bewusst für diesen Job entschieden haben, sondern vielleicht lieber etwas ganz anderes machen würden – darüber sehen wir erst einmal hinweg. Wir können ja immer noch weitersuchen. Meist dauert es nicht lange und die Routine stellt sich ein. Warum jetzt wechseln? Es läuft doch alles so gut. Außerdem verdienen wir gar nicht schlecht. Warten wir lieber noch ein bisschen. Wenn wir uns mit unserer Arbeit nicht identifizieren können, wird es uns kaum gelingen, das nötige Selbstbewusstsein aus diesem Job zu ziehen.

Glück und Zufriedenheit bleiben im ersten Job häufig auf der Strecke und genau dann beginnen wir zu zweifeln. Wir gehen jeden Tag brav zur Arbeit, erledigen unsere Aufgaben und sehnen uns bereits am Montagmittag schon wieder nach dem nächsten Wochenende, an dem wir endlich »Zeit für uns« haben. Immer häufiger ertappen wir uns bei Gedanken wie: »Ich habe mir das alles irgendwie ganz anders vorgestellt. Doch was soll ich bloß tun? Kündigen? Und dann? Finde ich überhaupt jemals einen Job, der meinem Leben einen Sinn gibt? Mit mir stimmt wohl etwas nicht. Andere haben doch diese Probleme auch nicht.« Willkommen in der Quarterlife Crisis!

Verstärkt wird dieses Gefühl des Zweifelns und der Unsicherheit durch den Erfolgsdruck, den Eltern und Medien tagtäglich auf uns ausüben. »Aber Kind, jetzt wirst du 30 und hast keinen anständigen Beruf! Das gibt es doch nicht, dass du immer noch nicht weißt, was du willst!«, lauten die Vorwürfe der Eltern, die nicht einsehen können, dass ihr Kind nun plötzlich eine Weltreise unternehmen will, anstatt endlich »erwachsen« zu werden. »Die Sabine hat schon ihre eigene Arztpraxis und du willst noch einmal ein neues Studium anfangen, in deinem Alter? Und wer soll das alles bezahlen?«, so präsentieren sie uns immer wieder Vorbilder aus unserem Bekanntenkreis, die es »geschafft« haben und meinen damit: »Warum kannst du nicht auch so sein?« Robert (27) kennt dieses Problem nur zu gut: »Ich werde demnächst mit meinem BWL-Studium fertig und will natürlich einen einigermaßen guten Job finden, mit Aufstiegschancen und allem Drum und Dran. Meine Eltern erwarten das auch von mir. Aber eigentlich will ich das gar nicht unbedingt. Wenn ich ehrlich bin, würde ich am liebsten irgendwo hingehen, wo es warm ist, und dort beispielsweise als Barkeeper oder Kellner jobben. Da wäre ich schon glücklich, ich brauche nämlich gar nicht viel zum Leben. Doch ich will mein Potenzial auch nicht einfach so vergeuden. Und meine Eltern würden auch einen Schreikrampf bekommen.«

Als ob diese elterlichen Vorhaltungen und Ermahnungen nicht schon genug wären, streuen auch die Medien noch kräftig Salz in die Wunde: »Britney Spears, erst 20 und schon ein Weltstar« schreit es uns in Großbuchstaben aus Zeitungen und Zeitschriften entgegen, von 22-jährigen Internet-Millionären und dem Wunderkind (14), das bereits drei Universitätsabschlüsse hat, ganz zu schweigen. Da können wir natürlich nicht mithalten. Doch sind wir deshalb gleich Versager? Nein, wir brauchen nur einfach etwas länger, um unseren Weg zum Glück zu finden. Dass materieller Erfolg eben nicht automatisch Glück und Zufriedenheit bedeutet, will vielen nicht in den Kopf. Vermutlich wäre auch Britney manchmal ganz froh, wenn sie einmal einfach nur so in den Tag hineinleben könnte. Nicht umsonst beschloss sie im Sommer 2002, sich eine sechsmonatige Auszeit vom Pop-Business zu nehmen.

Das haben auch all diejenigen jungen Menschen erkannt, die ganz offen gegen die alte Vorstellung »Job gleich Karriere« rebellieren. »Nicht mit mir!«, so lautet ihre Devise. Ein Beispiel dafür ist Steffi (29). Anstatt in ihrem ursprünglichen Beruf als Industriekauffrau zu versauern, machte die begeisterte Sporttaucherin ihr Hobby zum Beruf und arbeitet nun als Tauchlehrerin in Thailand. »Reich werde ich damit nicht, aber ich kann davon leben. Außerdem bin ich den ganzen Tag am Wasser, in einem der besten Tauchgebiete der Welt. Was will ich mehr? Zurück in meinen Beruf kann ich später immer noch.« Oder nehmen wir Stephanie (30). Sie lebt frei nach dem Motto: mal hier ein Job, mal dort, dann wieder ein paar Monate ins Ausland, mal dieses, mal jenes ausprobieren, dann wieder ein bisschen studieren. »Irgendwann werde ich schon noch herausfinden, was ich machen will. Ich bin unabhängig, liege niemandem auf der Tasche und habe Spaß – was will ich also mehr?«

Diese Frauen gehen ihren Weg und lassen sich nicht durch die Erwartungen anderer unter Druck setzen. Doch was ist mit dem Rest der Welt? Warum definieren wir uns so sehr über unseren Job?

Die Ansprüche an einen Beruf haben sich in den letzten Jahren und Jahrzehnten gewandelt. Obwohl der Begriff »Beruf« eng mit »Berufung« zusammenhängt, war die Berufung lange Zeit nicht ausschlaggebend bei der Berufswahl. Unsere Eltern entschieden sich für einen Job, weil schon der Vater in dieser Firma gearbeitet hatte, weil es in einer bestimmten Branche gute Chancen gab oder das Unternehmen XY nun einmal der größte Arbeitgeber am Ort war. Ob es sich dabei auch um den »Traumjob« handelte, war nicht selten nebensächlich. Arbeit bedeutete Geldverdienen, die Sorge für den Lebensunterhalt, nicht Selbstverwirklichung und Spaß.

Heute ist in unserem Denken jedoch die Vorstellung verwurzelt, dass unser Beruf auch »Spaß« machen soll und dass wir uns mit ihm identifizieren sollen. Nur dann erscheint uns die Arbeit auch sinnvoll. Doch was heißt schon Spaß? Häufig entpuppt sich der vermeintliche Traumjob als Schuss in den Ofen. Da kann alles andere noch so perfekt sein – wenn uns die Arbeit nicht sinnvoll erscheint und wir uns mit unserem Beruf nicht identifizieren können, macht uns der Job eben keinen Spaß. Für Außenstehende mag das oft unverständlich erscheinen, doch Fremdbild und Selbstbild stimmen häufig nicht überein. Für uns ist eben nicht alles in bester Ordnung. Der Beruf als wichtigste Selbstdefinition? Wie sollen wir uns über etwas definieren, das doch so gar nichts mit uns zu tun hat? Und plötzlich stehen wir vor der Frage: »Ist das jetzt alles?«

## »So habe ich mir das nicht vorgestellt!«:
## Probleme im ersten Job

Wie uns immer wieder vorgehalten wird, sind wir Deutschen die Könige unter den Langzeitstudenten, 27 Jahre sind wir im Durchschnitt alt, wenn wir die Uni verlassen. Damit liegen wir drei Jahre hinter dem europäischen Mittelwert, Amerikaner sind in der Regel sogar schon mit etwa 22 Jahren fit fürs Berufsleben.

Vielleicht sind diese längeren Studienzeiten ja angesichts des jüngsten PISA-Debakels gar nicht so schlecht, so können wir an der Uni wenigstens aufholen, was wir in der Schule versäumt haben. Doch solche Überlegungen überlasse ich gerne den Bildungspolitikern (die werden schließlich dafür bezahlt, ich hingegen schreibe lediglich ein Buch über die Quarterlife Crisis). Entsprechend »alt« sind wir also auch, wenn wir unseren ersten »richtigen« Job antreten. Und das ist wie gesagt meistens nicht der Traumjob, sondern einfach irgendeine Arbeit. Eine Umfrage unter 4 000 europäischen Studenten ergab, dass nur elf Prozent der deutschen Uni-Absolventen überhaupt wissen, welchen Beruf sie ausüben wollen (und das, obwohl sie nicht gerade wenig Zeit zum Überlegen haben!). Europaweit liegt der Schnitt dagegen bei 20 Prozent.

Wir verlassen also die Uni mit einem taufrischen Diplom, Magister oder einem anderen toll klingenden Abschluss in der Tasche und wissen nun erst einmal gar nicht, was wir damit anfangen sollen. Ich selbst war da gewiss keine Ausnahme. Ich wusste lediglich, dass ich »irgendwas mit Büchern« machen wollte – dass ich einmal welche schreiben würde, daran hatte ich zunächst noch gar nicht gedacht.

Der erste Weg führt dann nicht selten zu einer Zeitarbeitsfirma, schließlich liegen die Jobs für Hochschulabsolventen nicht gerade auf der Straße, und so ersparen wir uns erst einmal den Druck (und das Geld), Bewerbung auf Bewerbung zu schreiben und eine Absage nach der anderen zu kassieren. Außerdem sind wir so froh, den Prüfungsstress endlich hinter uns zu haben, dass wir uns nicht gleich einen neuen Karrierestress zumuten wollen. Über besagte Zeitarbeitsfirmen landen wir schnell in irgendeinem Call Center oder Sekretariat, haben einen geregelten Arbeitsablauf und ein ebenso regelmäßiges Einkommen. Dabei müssen wir uns nach wie vor zu nichts verpflichten. Wir leben in Zeiteinheiten von ein paar Monaten und wissen, dass danach wieder etwas anderes kommt. Wir sammeln Berufserfahrung (extrem wichtig, wenn man den Stellenanzeigen glauben will), wir können weiterhin mal dieses, mal jenes ausprobieren, lernen verschiedene Branchen und Unternehmen kennen und wissen nach einiger Zeit genau, was wir wollen und was lieber doch nicht. Oder?

Eine Zeitarbeitsfirma bietet für Uni-Absolventen tatsächlich die oben genannten Möglichkeiten, doch Vorsicht! Nur zu gern bleibt man in der »Zeitarbeitsfalle« stecken, springt von Job zu Job und ist hauptsächlich mit unqualifizierten Arbeiten wie Bestellabwicklung oder Kundenbeschwerden beschäftigt. Haben wir dafür etwa jahrelang studiert? Eigentlich nicht, oder? Laut einer Studie der Bundesanstalt für Arbeit ist jede vierte Frau unter Niveau beschäftigt – wollen wir ernsthaft, dass das so weitergeht? Nicht einmal blaues Blut schützt einen übrigens vor chronischer Unterforderung. Laut einer Pressemeldung vom September 2002 kam auch die schwedische Kronprinzessin Victoria während ihres Praktikums bei der schwedischen Handelskammer in Berlin ums Kaffeekochen nicht herum – und das trotz eines Politikstudiums an diversen Eliteuniversitäten.

Selbst wenn wir jedoch nach der Uni nicht bei einer Zeitarbeitsfirma landen, sind wir nicht vor Unterforderung und langweiligen Routineaufgaben geschützt. Nach einer zunehmend frustrierenden Bewerbungsrunde sind wir oft so erleichtert, überhaupt eine Stelle angeboten zu bekommen, dass wir den erstbesten Job auch nehmen, egal ob er unseren Wünschen entspricht oder nicht. Wir treten unsere Arbeit an und betrachten unseren ersten Job von Anfang an als Provisorium. Mit der entsprechenden Einstellung gehen wir dann auch jeden Tag zur Arbeit. Bedenklich wird es ähnlich wie bei Zeitjobs erst, wenn sich dieses Provisorium über längere Zeit hinzieht und wir in einem Job verharren, den wir eigentlich gar nicht wollen. Natürlich ist bei der heutigen Arbeitsmarktsituation so gut wie jede Stelle, auch der Traumjob von Vorläufigkeit geprägt – und ganz nach dem Prinzip »last in, first out«, müssen wir damit rechnen, dass wir bei wirtschaftlichen Schwierigkeiten ganz schnell wieder auf der Straße stehen. Nur wissen wir das noch nicht, wenn wir die Stelle antreten, und gehen daher auch mit einer anderen Einstellung an die Arbeit. Nicht zuletzt bieten uns auch die Arbeitgeber immer häufiger nur befristete Verträge an: Traineestellen und Volontariate, bei denen erst nach zwei Jahren entschieden wird, ob wir tatsächlich im Unternehmen bleiben können, oder gleich ein befristeter Zeitvertrag. Auch im Ausbildungsvertrag wird immer seltener eine anschließende Übernahme garantiert. Heute kann eben niemand mehr damit rechnen, denselben Job ein Leben lang auszuüben, und obwohl wir dies eigentlich auch gar nicht wollen, sehnen wir uns trotzdem nach ein wenig Stabilität. Wie sollen wir uns auch mit den »großen« Dingen des Lebens wie Heirat, Familienplanung oder Hausbau beschäftigen, wenn wir von heute auf morgen einfach auf der Straße stehen können?

Immer mehr Karrieren entstehen derzeit sogar durch häufige Jobwechsel: etwa zwei Jahre in einem Unternehmen bleiben und sich dann verändern (natürlich nach oben). Etliche Karriereberater empfehlen dieses Verhalten sogar, um den eigenen Marktwert zu steigern. Doch kann man bei der heutigen Arbeitsmarktsituation solche Wechsel riskieren? Oder sollte man nicht vielmehr an dem festhalten, was man hat? »Besser den Spatz in der Hand als die Taube auf dem Dach«, wussten schon unsere Großeltern, und nun denken wir insgeheim darüber nach, ob sie nicht vielleicht Recht hatten. Zu groß ist die Angst, bei einem Jobwechsel die Probezeit nicht zu überstehen und dann plötzlich arbeitslos zu sein oder nach einer fehlgeschlagenen Existenzgründung mit einem Berg Schulden dazustehen. Auf der einen Seite wollen wir unsere Wünsche und Träume verwirklichen, auf der anderen Seite sehnen wir uns aber auch nach Sicherheit. Wir können uns nicht entscheiden, welchem der beiden Impulse wir folgen sollen, und greifen zu der für die Quarterlife Crisis so typische Aufschiebetaktik.

Doch gehen wir einmal davon aus, dass es uns tatsächlich gelungen ist, unseren »Traumjob« zu ergattern. Wir wussten schon während des Studiums genau, was wir wollten. Selbst dann sind wir jedoch nicht vor unangenehmen Überraschungen sicher. Bei vielen Akademikern stellt sich in den ersten Arbeitswochen und -monaten der so genannte »Praxisschock« ein. Nach dem eher theorielastigen Studium sollen wir unsere durch viel Fleiß und harte Arbeit erworbenen

Kenntnisse nun erstmals in die Praxis umsetzen. Doch dürfen wir das wirklich? Nicht selten müssen wir feststellen, dass der heiß ersehnte Job nicht das Geringste mit dem Studium zu tun hat. »Ich wollte Englischlehrerin werden, weil ich die englische Sprache und Literatur liebe und meine Begeisterung für Großbritannien auf meine Schüler übertragen wollte, und jetzt verbringe ich meine Zeit größtenteils damit, die Regeln der if-Sätze zu erklären«, stöhnt Johanna (28). Von den großen englischen Autoren, den Schwerpunkten ihres Studiums, fehlt jede Spur. In anderen Berufsfeldern sieht es nicht anders aus: Egal, ob wir nun BWL, Psychologie oder Mathematik studiert haben – den Großteil der an der Uni erworbenen Kenntnisse werden wir im Berufsleben nicht einsetzen können.

Umgekehrt stellen wir aber auch fest, dass wir die Dinge, auf die es im Arbeitsleben wirklich ankommt, an der Hochschule nicht gelernt haben.

Da sitzen wir also am ersten Arbeitstag auf unserem Schreibtischstuhl und können nicht einmal einen korrekten Geschäftsbrief schreiben, weil wir keine Ahnung von DIN-Normen haben und nicht wissen, welche Abstände zwischen der Adresse des Empfängers, dem Datum und der Betreff-Zeile liegen sollten. Kopfschüttelnd blickt uns die Sekretärin an: »Ja, haben sie euch auf der Uni denn gar nichts beigebracht?« Genauso fühlen wir uns dann auch. Oder um bei unserer Lehrerin Johanna zu bleiben: »Mit Mittelenglisch habe ich mich intensiv beschäftigt, aber wie man mit einem Klassentyrannen umgeht, das hat mir niemand gezeigt.«

Ich selbst kann mittlerweile nur noch grinsen, wenn ich wieder einmal erzähle, dass mein Job auch Korrekturlesen beinhalte, und darauf pauschal die Frage folgt: »Ach, dann haben Sie sicherlich Germanistik studiert?« Ja meint ihr denn, man lernt im Germanistikstudium die korrekte Rechtschreibung? Nein, ich habe nicht Germanistik studiert, und trotzdem weiß ich, an welcher Stelle ich ein Komma setzen muss! Ich wage sogar zu behaupten, ich sei als Korrekturleserin genauso gut wie jeder Germanist, und trotzdem war die angeblich fehlende Ausbildung schon oft ein Grund, mir einen Auftrag lieber doch nicht zu geben.

Weil unser erster Job häufig nicht viel mit unserem Studium zu tun hat, sind wir schnell enttäuscht – vor allem dann, wenn wir unser Studium nicht aus Karrieregründen, sondern aus echter Leidenschaft für die Materie gewählt haben. Umgekehrt bereitet uns aber auch das Studium nicht genügend auf das Arbeitsleben vor und wir müssen mit einem Mal Eigeninitiative ergreifen.

In der Uni gab es noch klar vorgegebene Richtlinien. Wir wussten, dass wir nach etwa vier bis fünf, in Ausnahmefällen auch sechs Semestern Zwischenprüfung oder Vordiplom ablegen mussten. Bis zu diesem Termin galt es eine gewisse Anzahl an Scheinen zu erwerben. Nach der Zwischenprüfung folgten weitere Scheine, dann wagten wir uns irgendwann an die Diplom-, Zulassungs- oder Magisterarbeit und anschließend kamen auch schon die Abschlussprüfungen. Das Jahr war klar in zwei Semester gegliedert, dazwischen gab es Ferien (pardon: die vorlesungsfreie Zeit), und diese Aufteilung verlieh unserem Leben eine gewisse Struktur. Wer nicht studiert, sondern stattdessen eine Ausbildung gemacht hatte, hatte ähnlich klare Vorgaben. Es gab ein erstes, zweites und drittes Lehrjahr, jeweils mit festgelegten Ausbildungsinhalten. Der Arbeitsalltag zerfiel in Arbeits- und Berufsschultage, die manchmal auch zu mehreren Wochen Blockunterricht zusammengefasst wurden. Dazwischen gab es Urlaub, der meist zur Zeit der Schulferien genommen wurde (denn da war keine Berufsschule) und leider nur noch sechs Wochen umfasste. Klausuren und Prüfungen fanden regelmäßig statt, und wenn ein Thema erledigt war, so stand eben das nächste auf dem Programm.

Mit anderen Worten: Während des Studiums und der Ausbildung hatten wir klare Ziele, die wir erreichen mussten, bevor wir etwas Neues in Angriff nehmen konnten. Und jetzt? Die Arbeit nimmt kein Ende, egal wie viel wir an einem Tag erledigen, am nächsten Tag ist immer wieder etwas zu tun, und wenn wir mal im Urlaub sind, erledigt sich die Arbeit während dieser Zeit nicht etwa von selbst, ganz im Gegenteil: Sie sammelt sich heimlich und hinterhältig auf unserem Schreibtisch an und springt uns ins Gesicht, sobald wir gut erholt wieder an unserem Arbeitsplatz erscheinen.

Dies wurde mir zum ersten Mal klar, als ich wie erwähnt nach der Zwischenprüfung ein Praktikum in der Pressestelle eines großen Verlags machte und dort unter anderem mit dem Versand von Rezensionsexemplaren an Journalisten beschäftigt war. Natürlich war die Nachfrage unmittelbar vor oder nach dem Erscheinen der Bücher am größten, trotzdem riss der Strom von Anfragen nie ab. Hatte ich abends das letzte Buch eingetütet, so lagen am nächsten Morgen schon wieder etliche Faxe mit neuen Anfragen auf meinem Tisch (E-Mail gab es damals zum Glück noch nicht). Nicht selten dachte ich frustriert: »Hört das denn nie auf?« Obwohl es sich nur um ein dreimonatiges Praktikum handelte, hatte ich irgendwie das Gefühl, mit 60 immer noch an meinem Tisch zu sitzen und »Die neue Trennkost« zu verschicken. Kurz: Mir fehlten klare Ziele, die meinen Arbeitsablauf strukturierten.

Natürlich haben wir mit dem nächsten Urlaub oder Feiertag immer ein Ziel, doch wollen wir wirklich nur von Urlaub zu Urlaub leben? Damals spielte ich ernsthaft mit dem Gedanken, mein Studium hinzuwerfen und stattdessen lieber etwas »Handfestes« zu erlernen. Da ich schon immer wahnsinnig gerne Ikea-Möbel zusammenbaute, dachte ich an eine Schreinerlehre oder etwas Ähnliches, denn da hat man schließlich irgendwann einmal ein fertiges Produkt vor sich stehen und sieht, wofür man all seine Kräfte eingesetzt hat. Und kann anschließend in Ruhe die nächste Aufgabe in Angriff nehmen. Genau das habe ich jetzt tatsächlich erreicht: Ich erstelle schön brav ein Manuskript nach dem anderen, gebe eine Datei und einen Stapel Papier ab und halte irgendwann ein gebundenes Buch mit farbigem Umschlag und meinem Namen darauf in den Händen – ist das nicht toll?

Außerdem gab es während Schule, Studium und Ausbildung noch etwas anderes, das wir damals zwar fürchteten, das uns jedoch auch regelmäßig anspornte: Noten. Wenn auf unserem Blatt Papier eine Sechs stand, war das ärgerlich, aber wir wussten wenigstens eindeutig, dass wir versagt hatten. Und wenn eine Eins unsere Klausur oder unseren Schein zierte, konnten wir uns guten Gewissens freuen, uns belohnen, feiern und uns betrinken.

Jetzt erfahren wir vielleicht erst, dass wir versagt haben, wenn wir nach der Probezeit nicht übernommen werden. Und ein Lob? Mancher Chef würde sich eher die Zunge abbeißen, als ein nettes Wort an seine Untergebenen zu richten. Nicht zuletzt wussten wir früher genau, was zu tun war, um keinen Sechser zu bekommen (dass wir es auch getan haben, ist damit noch lange nicht gesagt). Wir mussten brav unsere Vorlesungen besuchen (oder uns zumindest die Skripte besorgen), uns ein paar Tage oder Wochen auf den Hosenboden setzen und pauken, einige Wochenenden auf die Disco verzichten und am Tag vor der Prüfung einigermaßen früh ins Bett gehen.

Doch in der Arbeit? Natürlich können wir auch hier versuchen, unser Bestes zu geben, dennoch sind die Anforderungen weit weniger klar als an der Uni oder in der Ausbildung. Es kann sein, dass etwas schief geht, worauf wir eigentlich gar keinen Einfluss haben, und trotzdem werden wir dafür verantwortlich gemacht.

Dazu haben wir mit äußeren Umständen zu kämpfen, die uns aus Schule oder Uni weitgehend unbekannt sind: Konkurrenzkämpfe und Erfolgsdruck.

Natürlich gibt es immer wieder ehrgeizige Menschen, die stets und überall die Besten sein müssen. Trotzdem ist Konkurrenzverhalten in der Schule oder in der Uni völlig unsinnig, schließlich gibt es genügend Einser für alle. Im Job ist das allerdings anders: Vielleicht wurden zwei Volontäre oder Trainees eingestellt und nur einer wird später übernommen. Dann gilt es natürlich, den Konkurrenten zu übertrumpfen, mit welchen Mitteln auch immer! Auch steht keineswegs eine unbegrenzte Anzahl an Beförderungen, Gehaltserhöhungen und Erfolgsprämien zur Verfügung. Hier kommt oft nur einer zum Zug, und leider nicht zwingend der Beste!

Dies ist eine weitere Enttäuschung, mit der wir im Berufsleben konfrontiert werden. Leistung ist eben nicht alles. In der Schule oder an der Uni war das dagegen noch einfach, besonders in Mathe: Stimmte das Ergebnis, dann gab es eine Eins, war es falsch, eine Sechs. Nun merken wir häufig schon bei der Bewerbung, dass es auf unsere Noten gar nicht unbedingt ankommt. Auch Arbeitserfahrungen sind oft unwichtig.

Stattdessen ist »Vitamin B« gefragt, und so kann es passieren, dass am Ende ein wesentlich geringer qualifizierter Bewerber den Job bekommt, nur weil sein Vater zufällig mit dem Personalchef Tennis spielt. Natürlich gab es auch an der Uni die Möglichkeit, mit dem Professor ins Bett zu gehen und sich so seine guten Noten zu erschlafen, allerdings waren die Skrupel hier meist zu groß und wir waren noch von einem gewissen Idealismus geprägt. Im Job sieht das schon anders aus. Zwar schlafen nach wie vor nur wenige Arbeitnehmerinnen mit ihrem Chef, doch hat nicht jede von uns einen Kollegen, der zwar nur zu gerne über den Chef lästert, in dessen Gegenwart aber butterweich wird und zu allem »Ja und Amen« sagt? Geschleimt wird, was das Zeug hält, und leider lassen sich etliche Vorgesetzte bereitwillig von einem solchen Verhalten beeindrucken. Geht es um eine Beförderung, so stehen diese Schleimer oft ganz oben auf der Liste.

Dann gibt es da auch noch die ganz üblen Zeitgenossen, die vor gar nichts zurückschrecken, um einen Platz an der Spitze zu erobern. »Mobbing« heißt das Schreckgespenst, das uns bis vor kurzem lediglich aus Zeitungsartikeln bekannt war. So etwas kann uns nicht passieren, dachten wir uns, doch plötzlich ist da die etwas ältere Kollegin, die Angst hat, wir könnten ihr mit unseren neumodischen Ideen den Job abspenstig machen oder sie auf der Karriereleiter hinter uns lassen. Und schon wird intrigiert, geklatscht, verleumdet, bis es die »Neue« endlich kapiert hat: Du bist hier unerwünscht, an meinem Stuhl wird nicht gesägt. Oder der andere Trainee, der so schnell wie möglich nach oben kommen möchte. Gestern in der Mittagspause erzählten wir ihm noch ganz naiv von der tollen Idee, die wir da haben. Heute steht überraschend der Chef im Büro und lobt unseren Konkurrenten über den grünen Klee: »Herr Huber hatte da einen hervorragenden Vorschlag, wie wir die Verkaufsergebnisse optimieren können. So stellen wir uns unsere Nachwuchskräfte vor!« Dass die Idee ursprünglich von uns stammt, weiß niemand, und selbst der intrigante Trainee hat das über Nacht »vergessen«.

Nach einiger Zeit in der Arbeitswelt müssen wir leider zu oft feststellen, dass Leistung und Charakter nicht unbedingt ausschlaggebend für die Karriere sind. Plötzlich ist es vorbei mit unserem Idealismus, wir bekommen eine kalte Realitätsdusche und ertappen uns insgeheim bei Gedanken wie »Integrität gut und schön – doch kann ich davon meine Miete bezahlen?« Werde ich am Ende auch noch so ein karrieregeiles Miststück? Thorsten (28) kann das nur bestätigen. Seit einem Jahr arbeitet er nun in einem großen Konzern. »Das macht mich wirklich fertig. Jeden Tag sehe ich, wie viele Leute hier ihr Leben verschwenden und sich am Schluss wahrscheinlich fragen: ›Wozu habe ich das alles getan?‹ Was da alles abgeht, ist unglaublich. Intrigen, Mobbing und so weiter. So will ich jedenfalls nicht weitermachen. Ich will leben.«

Wenn wir unsere erste feste Stelle antreten, haben wir nicht selten das Gefühl, uns an unserem Arbeitsplatz verstellen zu müssen – sei es, weil wir aus karrierestrategischen Gründen mit unserer wahren Meinung hinterm Berg halten müssen oder weil wir uns in Klamotten zwängen sollen, die wir sonst nie anziehen würden. Während der Studienzeit haben wir ein solches Verhalten noch weit von uns gewiesen, haben gesagt: »Ich bin, wer ich bin. Niemals werde ich meine Ideale verraten.« Doch nun gilt es, Karriere zu machen, und dazu sind hin und wieder gewisse Abstriche an die Individualität nötig. Als Freiberuflerin mit Büro in der eigenen Wohnung habe ich es da noch einigermaßen gut getroffen: Wenn ich Lust habe, kann ich mich auch im Schlafanzug oder meinetwegen sogar nackt vor den Computer setzen und niemand kann daran Anstoß nehmen. Natürlich mache ich das nicht (immerhin kann jederzeit der Postbote kommen und mir ein Päckchen bringen und ich möchte ja keinen falschen Eindruck erwecken. Ich höre ihn schon förmlich murmeln, während er meinen Morgenmantel mustert: »Freiberuflerin? Aha!«). Trotzdem bin ich froh, dass ich nicht einen erheblichen Teil meiner Honorare für Kostüme und andere »seriöse« Kleidungsstücke ausgeben muss, die ich im Privatleben nur über meine sprichwörtliche Leiche tragen würde.

Allerdings gibt es nicht wenige Berufe – je höher die Position, desto größer auch der Kleidungszwang –, in denen ein Kostüm oder ein Hosenanzug von gehobener Qualität unerlässlich sind. Auch so manche Herren der Schöpfung erkennen sich erst einmal kaum wieder, wenn sie sich zum ersten Mal in Anzug und Krawatte gezwängt haben. Wir haben also das Gefühl, dass wir uns für die Arbeit verkleiden müssen. Kaum sind wir dann zu Hause, reißen wir uns die Arbeitsuniform vom Leibe, schlüpfen in unsere heiß geliebten Baggy-Jeans und Sneakers und sind endlich wieder wir selbst. Nur in unserer Freizeit können wir unsere Persönlichkeit wieder durch unsere Kleidung ausdrücken, wie wir es jahrelang gewöhnt waren.

Diese Freizeit ist jedoch meist nur knapp bemessen, denn unser Arbeitgeber, unsere Eltern und nicht zuletzt wir selbst setzen uns einem gehörigen Erfolgsdruck aus, der völlig ungewohnt ist. In der Uni mussten wir zwar auch Prüfungen ablegen und Scheine erwerben, aber die Noten waren dabei im Grunde egal. Wichtig war, dass wir das ersehnte Blatt Papier in den Händen hielten, was genau darauf stand, war Nebensache. Bei der Abschlussprüfung waren die Noten hingegen schon wichtig, doch wussten wir eben genau, was wir zu tun hatten, um eine gute Note zu bekommen.

Nun ist der Erfolgsdruck ein ganz anderer: Gerade während der Probezeit wollen wir unserem neuen Chef natürlich besonders gut gefallen, schließlich soll er merken, dass er sich für den richtigen Bewerber entschieden hat. Deshalb schieben wir ohne Proteste eine Überstunde nach der anderen, opfern unser Wochenende, um wichtige Unterlagen zu studieren, und wehren uns auch nicht, wenn man alle nur möglichen Aufgaben auf uns abwälzt. Immerhin wollen wir nach der Probezeit übernommen werden und nicht als Faulpelz abgestempelt wieder auf der Straße stehen. Doch selbst nach der erfolgreich absolvierten Probezeit geht die Schufterei weiter. Wir sind vom Karrierevirus infiziert worden und wollen es nun allen zeigen. Lieber opfern wir ein paar Monate oder Jahre lang unsere Freizeit, bauen uns etwas auf und haben dann genug Geld, um unser Leben auch zu genießen. Eines Tages erwachen wir plötzlich aus unseren Karriereträumen. Wir stellen fest, dass wir jahrelang geschuftet und eigentlich nichts erreicht haben. Die Partnerschaft blieb auf der Strecke, da wir keine Zeit mehr füreinander hatten, unsere Freunde sehen wir auch nur noch selten, und Hobbys? Fehlanzeige, keine Zeit. Das Einzige, was wir haben, ist ein wenig Geld auf dem Konto, aber was nützt uns das, wenn uns die Zeit fehlt, um es auszugeben? Wofür haben wir uns also die ganze Zeit aufgerieben und geschuftet?

Ulrike (31) hat sich erst einmal eine Auszeit vom Job genommen. Dabei war die junge Deutschlehrerin eigentlich ganz zufrieden mit ihrem Job. »Die Schüler mögen mich, der

Unterricht läuft gut und als Beamtin muss ich mir zum Glück auch keine Sorgen um meine Rente machen. Trotzdem hatte ich manchmal das Gefühl, dass ich zwischen Schule und Schreibtisch irgendwie auf der Strecke bleibe. Ich war schon immer abenteuerlustig und wollte gerne noch mehr von der Welt sehen. Also habe ich für ein Jahr unbezahlten Urlaub genommen und lasse mich treiben. Zuerst geht's nach Asien, von dort nach Australien und Neuseeland und danach weiter nach Südamerika. Ob ich anschließend wieder in meinen Beruf zurückkehre, weiß ich noch nicht. Eigentlich habe ich es schon vor, vielleicht ergeben sich jedoch unterwegs auch ganz neue Perspektiven? Die Reise gibt mir jedenfalls die Möglichkeit, etwas Abstand zwischen mich und mein bisheriges Leben zu bringen.«

Natürlich wäre es schön, wenn wir in den letzten Jahren gleich so viel geackert hätten, dass wir unsere Schäfchen bereits im Trockenen haben und nun mit 30 unser Leben wirklich genießen können, sprich: nie mehr arbeiten müssen. Doch trotz aller Geschichten von Wunderkindern, die uns immer wieder als leuchtendes Beispiel vor Augen gehalten werden, haben dies vermutlich die allerwenigsten von uns geschafft. Und selbst dann ist man noch lange nicht immun gegen die Probleme der Quarterlife Crisis.

Schauen wir uns nur einmal Winona Ryder an: Anfang der 90er galt sie als großes Schauspieltalent und Star der Zukunft. Sie arbeitete mit Regisseuren wie Martin Scorsese und Francis Ford Coppola, stand mit Meryl Streep und Keanu Reeves vor der Kamera und war mit Johnny Depp verlobt. Mit 22 gewann sie einen Golden Globe und wurde für den Oscar nominiert. Und jetzt? Kann sich irgendwer an Winonas letzte gute Rolle erinnern? In jüngster Zeit waren ihre Filme größtenteils Flops und Johnny Depp ist längst mit Vanessa Paradis zusammen. Und nun muss sich Hollywoods einstiger Liebling auch noch wegen Ladendiebstahls vor Gericht verantworten – obwohl eine Frau wie sie das nun wirklich nicht nötig hätte. Was in Winonas Privatleben alles schief gelaufen ist, wissen wir nicht, dass sie in letzter Zeit bei der Rollenauswahl kein allzu glückliches Händchen hatte, dagegen schon. Wahrscheinlich steckt sie ebenfalls in der Quarterlife Crisis und weiß nicht, in welche Richtung ihre Karriere laufen soll. Sie probiert mal diese, mal jene Rolle aus, im Leben wie auf der Leinwand. Auch wenn ich Winonas Kontostand nicht kenne, wage ich dennoch zu behaupten, dass sie nicht mehr arbeiten muss, um ihren Lebensunterhalt zu verdienen. Was soll jemand, der in jungen Jahren schon alles erreicht hat, noch für Ziele haben? Orientierungslosigkeit, vielleicht sogar Angst vor der ungewissen Zukunft sind die Folgen – beides Symptome der Quarterlife Crisis.

Nicht immer erwachen wir selbst aus unseren Karriereträumen, manchmal werden wir auch ganz gemein auf den Boden der Tatsachen zurückgeholt. In der heutigen wirtschaftlichen Situation schützen einen nämlich auch Fleiß und Leistung nicht vor plötzlicher Arbeitslosigkeit. So ging es zum Beispiel Michael (27). Sieben Jahre war er in der Internetbranche tätig und wurde nun gekündigt: »Sieben Jahre habe ich nur für meinen Job gelebt und welchen Sinn hat das nun gehabt? Warum ich das machen wollte, war mir immer klar: interessante Arbeit, gute Verdienstmöglichkeiten und ich würde mir so schnell meinen Platz im Leben erobern. Jetzt stehe ich wieder genau da, wo ich vor sieben Jahren schon war, und soll noch einmal ganz von vorne anfangen. Doch wer garantiert mir, dass es beim nächsten Job besser läuft?«

Gerade wenn wir die letzten Jahre ausschließlich in die Karriere investiert haben, trifft uns ein solcher Arbeitsplatzverlust besonders hart. Wir haben kein Privatleben, das uns Rückhalt geben kann, keinen Partner, der uns aufzufangen vermag, und so bricht unsere ganze Welt zusammen. Plötzlich stehen wir vor dem Nichts. Ein Neuanfang ist nötig, aber in welche Richtung sollen wir gehen? Und wer verspricht uns, dass wir nicht wieder eine Bauchlandung erleben?

Auch ich kann mitunter recht ehrgeizig sein und setze mich teilweise selbst erheblich unter Druck. Als ich noch meine Halbtagsstelle in der Medienagentur hatte, bereiteten wir einmal ein Buch mit dem Titel »So machen Sie die zweite Million« vor. Was mich dabei besonders beunruhigte, war das kleine Wörtchen »zweite«. Natürlich war das Buch nicht für Berufsanfänger Ende Zwanzig geschrieben, trotzdem stürzte mich dieser Titel in eine kleine Krise. Schließlich war ich noch gut und gerne 999.500,- Euro von meiner ersten Million entfernt und sollte mich geistig schon mit der zweiten beschäftigen! Noch mehr beunruhigte mich die Tatsache, dass ein Verlag tatsächlich ein solches Buch herausgeben wollte, denn das hieß, dass es dafür auch eine Zielgruppe gab. Eine Zielgruppe, zu der ich vermutlich nie gehören würde!

Dass unsere erste feste Stelle nicht unseren Erwartungen entspricht, ist eine große Ernüchterung, die uns an unserem gewählten Weg zweifeln lässt. Das ist jedoch längst nicht alles: Frauen erleiden in der Arbeitswelt oft sogar noch einen zusätzlichen Schock. In der Schule und während des Studiums konnten sie davon ausgehen, dass ihre Arbeit genauso viel wert war wie die ihrer männlichen Mitschüler und Kommilitonen. Nun sieht das plötzlich anders aus. Noch immer verdienen Frauen bei gleicher Position und Qualifikation rund zehn bis 15 Prozent weniger als ihre männlichen Kollegen. Unsere Arbeit scheint also plötzlich weniger wert zu sein. Und bei einer anstehenden Beförderung? Wird uns nicht selten ein männlicher Kollege vorgezogen, obwohl er nicht unbedingt besser für den Posten qualifiziert ist. »Nicht, dass wir Ihnen jetzt so viel Verantwortung übertragen und dann werden Sie uns am Ende noch schwanger!«, mag sich so mancher Vorgesetzte denken, selbst wenn er es nicht offen auszusprechen wagt. Ja, ob wir es wahrhaben wollen oder nicht, um die 30 sind wir nun einmal im gebärfreudigsten Alter (wer hat dieses dämliche Wort eigentlich erfunden?) und die Firma hat aus nicht ganz unverständlichen Gründen nur wenig Lust, in eine Mitarbeiterin zu investieren, die sich kurz darauf in Mutterschutz und Elternzeit verabschiedet. Das ist wohl mit ein Grund dafür, dass der Frauenanteil immer geringer wird, je höher es an die Spitze geht. Irgendetwas oder irgendwer scheint uns also schon zu Beginn unserer Karriere auszubremsen und uns beschleicht ein vager Verdacht, dass eine weibliche Arbeitskraft nicht ganz so viel wert ist wie eine männliche.

Dazu kommt noch, dass wir – trotz unserer fast 30 Jahre, mit denen wir immerhin schon Kinder im Teenageralter haben könnten – in der Arbeitswelt immer noch als »kleine Mädchen« gelten. Man traut uns nichts zu, denn wir sind jung und weiblich, haben also sozusagen doppelt verloren. Bianca (31) spürt das ständig am eigenen Leib: Sie hat Informatik studiert und arbeitet als Systembetreuerin. Beinahe täglich passiert es, dass jemand am Telefon ihren Chef zu sprechen verlangt und mit peinlichem Schweigen reagiert, sobald sie antwortet: »Der ist bereits am Apparat.« Bei Geschäfsterminen wird sie meist für die Sekretärin gehalten, und auch nachdem sie den Irrtum aufgeklärt hat, wird sie oft nicht für voll genommen. »Eine Frau muss doppelt so hart arbeiten, um nach oben zu kommen, wie ein Mann«, lautet eine alte Weisheit und im Laufe unserer ersten Berufsjahre wird uns klar, dass dies wohl leider doch kein Mythos ist.

Ausgehend von meinem eigenen beschränkten Standpunkt habe ich mich zunächst einmal auf junge Leute bezogen, die einen ähnlichen beruflichen Hintergrund wie ich haben, sprich: Abitur und Studium. Dabei betreffen die Probleme der Quarterlife Crisis keineswegs nur Akademiker. Auch wer eine Ausbildung gemacht hat, kann später ins Zweifeln kommen. Im Gegensatz zu Abiturienten, die sich mit 19 oder 20 Jahren auf einen Studiengang festlegen und sich oft erst nach ihrem Abschluss – also gut sechs bis sieben Jahre später – für einen Beruf entscheiden, wählen Haupt- oder Realschüler ihr Berufsziel schon wesentlich früher, mit 15 oder 16 Jahren. Ob sie zu diesem Zeitpunkt schon genau wissen können, wer sie sind und was sie mit ihrem Leben anfangen wollen, ist fraglich. Häufig entschließen sie sich für einen bestimmten Beruf, weil es in dieser oder jener Branche gute Chancen auf einen Ausbildungsplatz gibt. Auch die Nähe zum Wohnort ist entscheidend, denn mit dem mageren Ausbildungsgehalt lässt sich nun einmal kaum eine eigene Wohnung finanzieren und auch Führerschein und Auto liegen oft noch in weiter Zukunft. Hier können nach einigen Berufsjahren ähnliche Probleme wie bei Akademikern auftreten: Füllt mich dieser Job wirklich dauerhaft aus? Ich habe doch inzwischen ganz andere Interessen!

Solche und ähnliche Gedanken mögen einem mit 25 plötzlich durch den Kopf gehen. Nun ist es an der Zeit, den gewählten Berufsweg zu überdenken. Vielleicht steht jetzt eine Weiterbildung auf dem Programm oder eine Zusatzausbildung, die neue Perspektiven eröffnet. Oder wir satteln gleich ganz um, machen eine zweite Ausbildung oder versuchen auf anderen Wegen, unser neues Ziel zu erreichen.

So ging es zum Beispiel auch Carola (27). Sie wäre am liebsten Ärztin geworden, jedoch fehlte ihr dafür leider das Abitur. Deshalb entschloss sie sich zunächst zu einer Ausbildung zur Arzthelferin, um ihrem Berufswunsch möglichst nahe zu kommen. Aber nach ein paar Jahren wollte sie mehr: »Jeden Morgen, wenn ich in die Praxis kam, war ich neidisch auf meine Chefin. Ich wollte diejenige sein, die im Sprechzimmer saß und den Patienten half. Stattdessen saß ich an der Rezeption oder nahm den Leuten Blut ab.« Carola überlegte sich ernsthaft, das Abitur nachzumachen und doch noch Medizin zu studieren, verwarf diesen Gedanken jedoch wieder: »Das hätte mir einfach zu lange gedauert. Außerdem weiß ich ja gar nicht, ob ich auch gut genug für ein Medizinstudium bin.« Also beschloss sie, eine Ausbildung zur Heilpraktikerin zu machen, da sie sich schon immer für alternative Heilmethoden interessierte. Carola erreichte ihr Ziel, Menschen zu behandeln und ihnen zu helfen, also auf andere Weise.

Nach einigen Jahren im ersten Job schleicht sich häufig eine Ernüchterung in unser Leben. Katerstimmung macht sich breit. So hatten wir uns die Arbeitswelt nicht vorgestellt, zumal es noch so viele andere Dinge gibt, die dem Leben einen Sinn geben können. Diese Enttäuschungen bringen uns zum Nachdenken und Zweifeln. Wir wollen etwas an unserer Situation ändern, wissen jedoch nicht was. Mit anderen Worten: die Quarterlife Crisis ist da.

## Vom Schreibtisch zum Bett und wieder zurück: der Strukturwandel im Leben

Der Wechsel ins Berufsleben bereitet uns allerdings auch Probleme, die weit über die unmittelbare Arbeit hinausgehen. Er wirkt sich nämlich unter anderem ganz entscheidend auf unser Privatleben und unsere Freizeit aus. Von beiden haben wir auf einmal viel weniger, als wir es bisher gewohnt waren. Hobbys müssen da nicht selten auf der Strecke bleiben, weil uns einfach die Zeit dazu fehlt oder wir am Abend nach getaner Arbeit zu müde sind, um noch auf dem Tennisplatz herumzurennen. Wenn wir die reine Arbeitszeit, die normalerweise nicht unter acht Stunden liegen sollte, und den Nachhauseweg hinter uns gebracht haben, wartet die Hausarbeit auf uns. Abends um sechs ist im Supermarkt viel mehr los als vormittags um elf, unserer früheren Einkaufszeit, und im Laden bei mir um die Ecke gibt es um diese Zeit schon keine frische Milch mehr. Der Einkaufsstress ist also auch noch größer geworden.

Plötzlich haben wir das Gefühl, unser ganzes Leben drehe sich nur noch um Arbeit und Haushalt, für unsere Freunde haben wir – zumindest unter der Woche – kaum mehr Zeit. Stattdessen kuscheln wir uns lieber auf die Couch und sehen fern. Vorwürfe lassen da natürlich nicht lange auf sich warten. Unser Partner beschwert sich, dass wir plötzlich in jeder Hinsicht lustlos seien. Freunde hinterlassen Nachrichten auf dem Anrufbeantworter und beschweren sich: »Von dir hört man ja gar nichts mehr.« Und statt den stundenlangen Gesprächen mit der besten Freundin beschränkt sich unsere Kommunikation nun auf kurze E-Mails. »Wenn ich erst wieder richtig Zeit habe ...«, »Das erledige ich am Wochenende«

oder »Im Urlaub mache ich ein paar Tage einfach gar nichts« – solche Gedanken gehen uns immer häufiger durch den Kopf.

Nicht selten müssen wir unseren Lebenswandel gehörig umkrempeln, wenn wir eine feste Stelle antreten. Plötzlich ist erst einmal Schluss mit so spontanen Aktionen wie einem verlängerten Wochenende oder einem Faulenztag im Bett. Dazu müssen wir jetzt Urlaub beantragen und merken schnell, dass unsere Bedürfnisse dabei nicht immer im Vordergrund stehen. Während des Studiums konnten wir durchaus ab und zu eine früh morgendliche Vorlesung einfach ausfallen lassen (falls wir uns überhaupt für eine solche entschieden hatten) und länger im Bett bleiben, wenn es am Abend vorher wieder einmal sehr spät geworden war. In der Arbeitswelt hat es sich leider noch nicht herumgesprochen, dass ein Arbeitsbeginn vor 9.00 Uhr eigentlich ein Verstoß gegen die Menschenrechte ist, und so müssen wir oft schon um 8.00 Uhr oder gar noch früher topfit, enthusiastisch und stets leistungsbereit am Arbeitsplatz erscheinen.

Eine Zeit lang mögen wir weiterhin an unserem alten Lebenswandel festhalten und uns ganze Nächte in Kneipen und Clubs um die Ohren hauen. Doch irgendwann schlägt das Alter gnadenlos zu und wir beschließen notgedrungen, unsere nachtschwärmerischen Aktivitäten auf das Wochenende zu verlegen. Ich kann mich noch zu gut erinnern, wann mir das zum ersten Mal bewusst wurde. Ich war mit mehreren Freunden zusammen auf einem Konzert, an einem Dienstag – auf den Tourneeplan einer Band haben wir dann ja doch noch keinen Einfluss. Die Veranstaltung endete für ein Rockkonzert überraschend früh, nämlich um viertel nach elf und spontan sagten wir zueinander: »Super, so kommen wir wenigstens nicht allzu spät ins Bett.« Sofort folgten entsetzte Blicke, verlegenes Lachen und die resignierte Feststellung: »Mein Gott, jetzt sind wir wohl wirklich alt.«

Ab und zu eine durchgemachte Nacht mag auch im Berufsleben noch drin sein, aber wenn sich die Müdigkeit erst einmal durch mehrere Tage zieht – dann gute Nacht! Und fit am Arbeitsplatz wollen wir schließlich auch sein, denn wir wollen ja einen positiven Eindruck hinterlassen, um Karriere zu machen oder wenigstens die Probezeit gut hinter uns zu bringen. Und wer vor 11.00 Uhr kaum ansprechbar ist, mit verkaterter Stimme die Kunden am Telefon anschnauzt und seinen Kopf immer wieder wohlig auf die Schreibunterlage bettet, fällt zwar auf, leider jedoch ganz bestimmt nicht positiv. Mit einem Mal wird uns bewusst, dass nun der »Ernst des Lebens« begonnen hat, und das macht uns ganz schön zu schaffen. Soll der Spaß jetzt etwa vorbei sein? Plötzlich heißt »samstags ausschlafen« nicht mehr, bis in den frühen Nachmittag selig zu schlummern und noch kurz vor Ladenschluss um 16.00 Uhr die Wochenendeinkäufe zu erledigen. Nein, jetzt sind wir schon glücklich, wenn wir mal bis 9.00 oder 10.00 Uhr in den Federn bleiben können. Dann heißt es aber aufstehen, die knapp bemessene Freizeit ist viel zu kostbar, um sie im Bett zu vertrödeln (es sein denn, wir sind nicht alleine im Bett, sondern ein blondes, blauäugiges, muskulöses Exemplar des anderen Geschlechtes leistet uns Gesellschaft, aber das ist wieder ein ganz anderes Thema ...).

Außerdem macht uns so ein fester Job auch noch müde, selbst wenn wir nicht acht Stunden am Tag mit großem körperlichen Einsatz auf einer Baustelle schuften. Ich erinnere mich noch gut daran, wie ein »harter Arbeitstag« bei der Prüfungsvorbereitung an der Uni aussah: Vor zehn saß ich eigentlich selten am Schreibtisch, um halb zwölf machte ich mir einen Kaffee, um halb zwei Mittagessen, danach zappte ich mal kurz durch diverse Talkshows. Anschließend arbeitete ich noch ein bisschen weiter, so bis halb fünf, und schon war Feierabend. Nebenbei dudelte das Radio oder MTV und falls ich mal genervt war, griff ich eben zum Telefon und jammerte gemeinsam mit einer Freundin über den kaum erträglichen »Prüfungsstress«.

Und jetzt? Natürlich ist immer einmal wieder ein kurzes Gespräch mit einem Kollegen drin und auch Radiohören ist in vielen Firmen nicht tabu. Aber den Großteil unseres Acht-und-mehr-Stunden-Tages verbringen wir tatsächlich mit Arbeit und sind danach einfach fertig. Fast freiwillig fallen wir dann spätestens um 23.00 Uhr ins Bett. Und diese Müdigkeit bilden wir uns keineswegs nur ein. Eine holländische Studie an 8 000 gesunden Arbeitnehmern ergab, dass immerhin 14 Prozent der Frauen und zehn Prozent der Männer innerhalb des ersten Jahres im neuen Job eine andauernde Müdigkeit entwickeln. Was wie eine perfekte Ausrede für einen faulen Tag klingen mag, hindert uns tatsächlich daran, unser Leben zu genießen und Energie für Dinge außerhalb des Firmengeländes aufzuwenden.

»Wir leben nicht, um zu arbeiten, sondern wir arbeiten, um zu leben,« heißt ein nur allzu richtiger Spruch. Dennoch sieht es gerade in den ersten Berufsjahren leider genau umgekehrt aus.

Eine feste Stelle bringt zunächst einmal eine plötzliche Umstellung des Lebenswandels mit sich und wir haben häufig das Gefühl, dass alles, was unser bisheriges Leben ausmachte – Partner, Freunde, Freizeit – nun völlig auf der Strecke bleibt. »Besteht das Leben etwa nur noch aus Arbeit?«, fragen wir uns entsetzt. Plötzlich haben wir unsere Eltern vor Augen, deren Leben sich ausschließlich zwischen Arbeit, Haushalt und uns Kindern abzuspielen schien. Haben wir es je erlebt, dass unsere Eltern ausgingen und Spaß hatten? Einmal im Monat vielleicht! Standen unsere Eltern nicht auch am Wochenende schon um 9.00 Uhr topfit auf der Matte? O Schreck! Wir werden langsam wie unsere Eltern! Demnächst gehen wir vielleicht noch zu einer Tupper-Party (sind doch gar nicht so unpraktisch, diese Gefäße, oder?) und, hm, wäre es nicht einmal an der Zeit, einen Bausparvertrag abzuschließen? Unser neues Arbeitsleben hat auf einmal nichts mehr mit dem alten gemütlichen Studentenleben gemeinsam und damit wollen wir uns noch nicht abfinden. Zu abrupt erfolgt der Übergang ins Erwachsenenleben – sind wir dafür überhaupt schon bereit?

Gut, wenn wir nun Freunde haben, die in der gleichen Situation stecken und uns mit Rat und Tat zur Seite stehen. Sie haben ähnliche Probleme und wie wir alle wissen, ist geteiltes Leid halbes Leid, und so werden wir uns bald besser fühlen, denn wir haben jemanden, mit dem wir gemeinsam jammern können. Was aber, wenn die Freunde nach wie vor zur Uni gehen und nicht verstehen können, warum wir nicht mehr Nächte lang um die Häuser ziehen wollen? »Mann, bist du spießig geworden,« tönt es dann vorwurfsvoll aus dem Telefonhörer und genauso fühlen wir uns auch. Haben erst einmal alle ihren Abschluss in der Tasche, löst sich der Freundeskreis nicht selten ganz auf.

In Großstädten wie München, Berlin oder Köln kann man zwar davon ausgehen, dass die meisten Studienfreunde zumindest eine Zeit lang noch am selben Ort bleiben werden, doch an einer Provinzuni wie Augsburg sieht das schon anders aus. Da Augsburg mit Jobs für Akademiker, vor allem Geisteswissenschaftler, nicht gerade gesegnet ist, zog es viele meiner Freunde in die große weite Welt hinaus, zwar nicht bis an das andere Ende der Republik, doch zumindest in die Weltstadt mit Herz München. Dazu kamen die zahlreichen angehenden Lehrer und Lehrerinnen, die während ihrer Referendariatszeit vom Kultusministerium durch ganz Bayern gehetzt wurden. Plötzlich saß ich also alleine in Augsburg, denn hier kann ich mir wenigstens eine Dreizimmerwohnung leisten, zu einer Monatsmiete, für die ich beispielsweise in München nicht einmal eine Besenkammer bekäme. Doch wo sind meine Freunde? E-Mails und Telefongespräche sind kein Ersatz für persönliche Kontakte, und so stand ich erst einmal ziemlich verloren da. Zugegeben, ich war in einer besonderen Situation, da ich ja nicht einmal Kollegen hatte, dennoch war ich nicht die einzige Berufsanfängerin, die sich plötzlich einsam vorkam.

Da zieht zum Beispiel Julia wegen ihres Traumjobs von München nach Hamburg, da sie ungebunden ist und sich ihren Wohnort frei aussuchen kann. »Ich werde schon bald neue Freunde finden«, denkt sie sich optimistisch. In Hamburg angekommen, sieht die Lage zu ihrer Überraschung ganz anders aus. Julias Kollegen sind zwar alle recht nett, doch will sie nicht auch noch ihre gesamte Freizeit mit den Arbeitskollegen verbringen. Aber wo soll Julia Leute kennen lernen? Um alleine um die Häuser zu ziehen, ist sie nicht der Typ, außerdem ist sie am Abend nach einem anstrengenden Arbeitstag viel zu kaputt dazu. Was tun? Stundenlange Telefongespräche mit der besten Freundin in München trösten auch nicht über die Einsamkeit hinweg. Hat man außer der Arbeit kaum einen Lebensinhalt, ist man besonders anfällig für die Quarterlife Crisis. Zu groß ist der Unterschied zwischen dem alten, lockeren Leben mit einem nicht allzu anstrengenden Studium, einem festen Freundeskreis und einer ausgefüllten Freizeit und dem neuen Leben, das sich ausschließlich zwischen Arbeitsstätte und Wohnung abspielt. Das Leben besteht plötzlich nur noch aus Arbeit, und falls der Job dann nicht das Gelbe vom Ei ist, sieht es düster aus. Bei Julia war das zum Glück nicht der Fall. Ihre Arbeit macht ihr Spaß und nach ein paar Monaten war sie auch nicht mehr ganz so alleine. Sie freundete sich mit einer Kollegin an und lernte über diese neue Leute kennen. Außerdem versuchte sie, sich wieder Zeit für ihr altes Hobby Reiten zu schaffen, und fand dadurch neue Freunde. Dafür müssen wir aber offen sein und einige Energie aufwenden und wir dürfen uns nicht allzu sehr in unsere Quarterlife Crisis versenken.

Anschluss und sogar neue Freunde zu finden ist nicht leicht, wenn man einen anstrengenden Job hat. Ich gestehe hiermit, dass ich leidenschaftlich Kontaktanzeigen lese, egal ob es sich nun um die 400 Singles der »Amica« handelt oder um die Heiratsanzeigen in der »Süddeutschen«. Noch vor ein paar Jahren konnte ich mir beim besten Willen nicht vorstellen, warum Leute um die 30 es nötig hatten, über eine Anzeige einen Partner oder einfach nur Freunde zu suchen. Man lernt doch so leicht Leute kennen, dachte ich mir. Und in der Uni war das auch kein Problem: Man setzte sich ganz einfach in der Vorlesung neben jemanden, wechselte ein paar Worte, und wenn man sich sympathisch war, grüßte man sich auf dem Gang, ratschte in der Bibliothek und setzte sich beim nächsten Mal eben wieder nebeneinander. War man sich unsympathisch, ging man sich von nun an aus dem Weg. Studierte man nicht gerade ein Exotenfach wie Chinesische Philosophie oder Finno-Urgistik riss der Vorrat an Gesprächspartnern und damit potenziellen Freunden so schnell nicht ab. Bei mir hatte das Ganze gegen Studienende solche Ausmaße angenommen, dass ich nicht mehr zum Lernen in die Bibliothek ging. Ich traf in der Anglistikecke so viele Bekannte, dass ich die ganze Zeit mit Ratschen bzw. Flüstern verbrachte. Meist holte ich nur blitzschnell meine Bücher aus dem Regal und verzog mich in die Abteilung Katholische Theologie, hier lief ich ganz gewiss nicht Gefahr, irgendeinem Bekannten zu begegnen.

Im Büro ist die Anzahl möglicher Gesprächspartner dagegen erst einmal begrenzt, je nach Größe des Unternehmens. Und ganz so unverbindlich lassen sich auch keine Kontakte mehr schließen, schließlich können wir unsympathischen Menschen nicht so einfach aus dem Weg gehen, wenn sie am Schreibtisch gegenüber sitzen. Wir müssen unsere Kollegen also zunächst einmal gründlich unter die Lupe nehmen, bevor wir uns näher auf sie einlassen. Woher sollen wir auch wissen, dass die nette Kollegin, die uns mit den freundlichen Worten »Sie sind neu hier? Gehen wir doch mal zusammen Kaffee trinken, dann erzähle ich Ihnen etwas über die Firma und die Stadt« willkommen heißt, in Wirklichkeit die Klatschbase Nummer eins ist? Am nächsten Tag weiß dann die ganze Firma über unsere drei gescheiterten Beziehungen und unsere unrühmlichen Erfahrungen im letzten Job Bescheid.

Nein, zuerst einmal gilt es sorgfältig zu sondieren, wer in der neuen Firma unsere Freundschaft wert ist und welches Verhältnis zwischen den Kollegen herrscht. Bis wir das herausgefunden haben und sich vielleicht der eine oder andere private Kontakt ergibt, müssen wir uns leider ein wenig gedulden – und zur Not auch einsam fühlen. Natürlich kann es passieren, dass wir mit unseren neuen Kollegen einfach nicht können und anderswo Anschluss suchen müssen. Und so kommt es dann zu der Fülle von Kontaktanzeigen von Leuten um die 30, denen die Zeit und vielleicht auch die Energie fehlt, selbst die Initiative zu ergreifen und ihren Bekanntenkreis zu erweitern.

Zu guter Letzt haben wir auch noch mit einem Wandel im Selbstbild zu kämpfen. Mit Beginn unseres Berufslebens sind wir plötzlich nicht mehr frei und unabhängig, sondern müssen uns gewissen Regeln unterwerfen, Steuern und Beiträge zur Rentenversicherung zahlen und ab und zu auch einmal Kompromisse eingehen – mit anderen Worten: Wir sind nun wirklich erwachsen.

Waren wir an der Uni noch in einer ähnlichen Situation wie ein Schüler, so haben wir nun plötzlich selbst etwas zu sagen und dazu einige Verantwortung. Wenn wir an der Uni Mist gebaut haben, so betraf dies nur uns selbst (oder höchstens noch unsere Eltern, die uns als Folge davon ein Semester länger durchfüttern mussten). Wenn wir aber am Arbeitsplatz versagen, können wir unser Unternehmen in ernsthafte Schwierigkeiten bringen und unter Umständen vielleicht sogar schadensersatzpflichtig gemacht werden. Plötzlich stehen wir auf der anderen Seite oder wie es meine Freundin Claudia an ihrem ersten Arbeitstag als Referendarin an einem Gymnasium ausdrückte: »Plötzlich bist du der Feind und 30 Schüler sind gegen dich.« Mit dieser Verantwortung und dieser neuen Rolle kommen wir häufig nur schwer zurecht und fühlen uns schnell überfordert. »Ich bin doch eigentlich noch gar nicht so weit, warum soll ich jetzt die Verantwortung für dieses Projekt übernehmen?«, fragen wir uns verzweifelt.

Unser Leben hat also einen gründlichen Strukturwandel erfahren. Alles, was bisher unsere Persönlichkeit ausmachte, wird mit einem Mal an den Rand gedrängt, nun scheint es nur noch ums Arbeiten und Geldverdienen zu gehen. Damit wollen wir uns oft nicht abfinden und sehnen uns nach unserer alten Freiheit zurück. Wir zweifeln am gewählten Lebensweg und fragen uns, ob wir nicht lieber etwas ganz anderes hätten werden sollen, zum Beispiel Barkeeper in Florida. Und schon stecken wir mittendrin in der Quarterlife Crisis. Doch der Job ist nicht der einzige Bereich, in dem die Quarterlife Crisis zuschlagen kann. Der Wechsel ins Berufsleben mit all seinen Freuden und Problemen wirkt sich natürlich auch auf unser Privatleben und unsere Partnerschaft aus. Schnell müssen wir feststellen: Eine berufliche Karriere und privates Glück sind meist nur schwer zu vereinbaren – doch mit diesem großen Komplex der Quarterlife Crisis beschäftigen wir uns im nächsten Kapitel.

# Zwischen Bindungsangst und Torschlusspanik: Quarterlife Crisis und Partnerschaft

Langsam, aber sicher entwickeln wir uns zu Heiratsmuffeln. Das versuchen uns zumindest die Statistiken weiszumachen, das durchschnittliche Heiratsalter verlagert sich in Deutschland nämlich immer weiter nach oben. Trat eine Frau 1990 noch mit 25,9 Jahren vor den Traualtar oder zumindest vor den Standesbeamten, so lag ihr Heiratsalter elf Jahre später bereits bei 28,3 Jahren. Einerseits beruhigen uns diese Zahlen, zeigen sie doch, dass wir keineswegs unnormal sind, wenn wir mit Ende 20 noch keinen Ehering am Finger haben. Andererseits bieten sie aber auch ernsthaften Anlass zur Sorge: Wird es nicht langsam höchste Zeit, unter die Haube zu kommen?

Dabei ist das gar nicht so einfach. Ich spreche jetzt nicht unbedingt davon, dass ein potenzieller Heiratskandidat in etwa genauso leicht zu finden ist wie die berühmte Stecknadel im Heuhaufen. Das ist wiederum ein ganz anderes Problem, über das schon Dutzende von Büchern geschrieben wurden. Nein, ich spreche davon, dass die Quarterlife Crisis sich in unser Privatleben einmischt und es ganz gehörig durcheinander wirbeln kann. Ab und zu zweifeln wir eben auch an unserem Partner und wissen manchmal nicht so genau, ob wir mit ihm auch tatsächlich den Rest unseres Lebens verbringen wollen. So wie wir berufliche Entscheidungen nur zu gerne aufschieben und uns nicht auf einen Berufsweg festlegen wollen, so schieben wir auch Entscheidungen, die unser Privatleben betreffen, erst einmal auf die lange Bank. »Heiraten? Ja, wollen wir schon irgendwann, aber erst muss sich Markus in seinem Job etablieren« oder: »Natürlich wollen wir irgendwann zusammenziehen, doch solange Thomas noch studiert, hat das nur wenig Sinn. Wir haben einen völlig unterschiedlichen Tagesablauf und verschiedene Einkommensverhältnisse.« So oder ähnlich lauten die Ausreden, mit denen wir uns erst einmal vor einer festen Bindung drücken. Wie wir im Beruf von Job zu Job springen, stürzen wir uns häufig auch von einer Beziehung in die nächste. Sobald sich die ersten Schwierigkeiten abzeichnen, verabschieden wir uns, ohne groß darüber nachzudenken, was denn nun eigentlich schief gelaufen ist und was wir das nächste Mal besser machen könnten. In der Partnerschaft zeigt die Quarterlife Crisis also dieselben Symptome wie im Berufsleben. Wir können uns nicht entscheiden oder zweifeln an unserer Partnerwahl.

## »Bis dass der Tod uns scheidet«: der Konflikt zwischen Illusion und Realität

Dass Frauen (und Männer) heutzutage immer später vor den Traualtar treten, liegt sicher zu einem großen Teil an den immer längeren Ausbildungszeiten. Studium, vielleicht noch ein Jahr im Ausland, Praktikum oder Volontariat – das alles dauert nun einmal ziemlich lange. Mit durchschnittlich 28 Jahren verlassen deutsche Studenten wie bereits erwähnt die Hochschule. Anschließend will man sich ja erst einmal etwas aufbauen, bevor man an die Familiengründung denkt, und so bleiben verheiratete Studentenpärchen eine Ausnahme. Dazu kommt noch, dass man heutzutage nicht mehr zwingend heiraten muss, um zusammenleben zu können, und so ist die Liebe eben nur einer von vielen Heiratsgründen. Natürlich heiratet man nach wie vor (oder jetzt erst recht) jemanden, den man liebt, aber der unmittelbare Anlass für diesen großen Schritt in eine gemeinsame Zukunft ist oft ein ganz anderer: die günstigere Steuerklasse, eine Schwangerschaft oder Ähnliches. Spielen solche Gründe bei der Entscheidung keine Rolle, kann man auch ohne Trauschein ganz bequem zusammenleben.

Deshalb müssen wir jedoch noch lange nicht unsere ganze Beziehung infrage stellen, oder? Ein Grund, der es der Quarterlife Crisis so einfach macht, sich auch in unserer Partnerschaft einzunisten und uns ins Grübeln zu bringen, ist der Konflikt zwischen unseren Träumen von der großen Liebe, die ein Leben lang hält, und der Realität, die uns mit Statistiken über Scheidungen und Seitensprünge schnell wieder auf den Boden der Tatsachen zurückholt.

Erst vor kurzem konnte (oder musste) ich wieder die neuesten Scheidungsstatistiken in der Zeitung lesen: »Neuer Höchststand bei Ehescheidungen« meldete die »Süddeutsche Zeitung« am 28.08.2002. Das Statistische Bundesamt hatte unlängst herausgefunden, dass im Vorjahr 197 500 Ehen geschieden worden waren. Bei etwa der Hälfte dieser Trennungen waren minderjährige Kinder betroffen. Im Klartext bedeutet dies: Jede dritte Ehe wird heute geschieden, in Großstädten sogar jede zweite. Sollen uns diese Zahlen etwa keine Angst einjagen? Selbst wenn wir felsenfest davon überzeugt sind, dass uns das nicht passieren kann, werden solche

Statistiken nicht spurlos an uns vorübergehen. Als zwei meiner Freunde vor vier Jahren heirateten, wies sogar der Pfarrer die beiden beim Traugespräch auf dieses Risiko hin. »Die meisten Ehen scheitern, wenn die Paare ein Haus gekauft oder gebaut haben,« warnte er sie. »Erst heiratet man, bald darauf kommt das Kind und danach das Haus. Und plötzlich fehlen einem die gemeinsamen Ziele, denn man hat jetzt alles erreicht. Dazu kommt die finanzielle Belastung, und schon beginnt es in der Ehe zu kriseln.« Nicht sehr ermutigend, aber meine beiden Freunde sind heute immer noch glücklich verheiratet, vielleicht weil sie weder Kind noch Eigenheim besitzen.

In vielen Fällen sind wir gar nicht die erste Generation in unserer Familie, die von einer Scheidung betroffen wird. Nicht wenige von uns stammen vielleicht selbst schon aus Patchwork-Familien oder sind bei nur einem Elternteil aufgewachsen. Bei mir war sogar schon meine Großmutter geschieden. Meine Eltern haben es zwar immerhin fast 30 Jahre miteinander ausgehalten, doch wuchs auch ich mit der Vorstellung auf, dass Ehen nicht unbedingt ewig halten müssen. Warum so viele Ehen auseinander gehen, darüber könnte man wiederum ein eigenes Buch schreiben, ja sogar eine zehnbändige Enzyklopädie. Dennoch können wir uns leider nie ganz sicher sein, dass wir mit unserer Beziehung mehr Glück haben als all diese Paare.

Dazu kommt noch die Sache mit der Treue. Sie steht nach wie vor ganz oben auf der Liste von Wünschen, die wir an unseren Partner haben. Gut 80 Prozent der Frauen und etwa 70 Prozent der Männer halten Treue für unbedingt erforderlich, wenn eine Beziehung funktionieren soll. Die Statistiken belegen stattdessen aber auch, dass jeder zweite Mann und jede dritte Frau fremdgeht – da passt wohl irgendetwas nicht ganz zusammen. Wer vermag uns da zu garantieren, dass nicht auch unser eigener Partner unter diese Statistik fällt? Schon sind sie da, die Zweifel und das Misstrauen, die eine Beziehung so irreparabel vergiften können. Woher sollen wir denn wissen, dass unser eigener Ehemann uns nicht irgendwann einmal mit der zehn Jahre jüngeren Sekretärin, unserer besten Freundin oder der Nachbarin betrügen wird? Natürlich lieben wir ihn und vertrauen ihm, doch das tun all die anderen Paare auch, oder?

Wenn tatsächlich mal etwas schief geht, können wir unseren Partner eben nicht so einfach umtauschen oder ihn seiner Mutter zurückgeben, mit den Worten: »Bring ihm erst noch ein paar gute Manieren bei, ich komme dann in sechs Monaten wieder vorbei und hole ihn ab.« Auf jedes dumme Elektrogerät gibt es zwei Jahre Garantie, warum bitte schön nicht auch auf den Partner? Beim Kauf eines neuen Kühlschranks bekommen wir in manchen Elektromärkten sogar einen Gutschein für seine spätere Entsorgung mit. Warum kann der beim Partner nicht auch gleich mitgeliefert werden? Natürlich inklusive einer Vollkasko-Versicherung gegen Herzschmerz und Liebeskummer samt Übernahme aller Anwaltskosten. Wenn man so über den großen Teich nach Hollywood blickt und sieht, mit welcher Leichtigkeit zum Beispiel Jennifer Lopez Ehen zu schließen und wieder aufzulösen pflegt, möchte man fast meinen, es gebe so etwas bereits. Nur haben wir leider noch nicht herausgefunden wo!

Nahezu paradox mutet es an, dass es in einer Zeit der Unverbindlichkeiten und Vorläufigkeiten, wie sie uns zum Beispiel der Arbeitsmarkt bietet, immer noch einen Bereich gibt, in dem wir an ein »Bis dass der Tod uns scheidet« glauben.

Und das gilt ausgerechnet für Beziehungen, wo wir doch alle wissen, dass »menschliches Versagen« nie ganz auszuschließen ist. »Und wenn sie nicht gestorben sind, so leben sie noch heute«, so heißt das altbekannte Märchenende, an das wir glauben, seit Aschenputtel, Dornröschen und Schneewittchen ihre Prinzen gefunden und geehelicht haben. Auf Englisch klingt dieser Märchenschluss gleich noch romantischer und fordernder. »They lived happily ever after«, heißt es hier. Prinz und Prinzessin leben also nicht nur in ihrem wunderhübschen Schloss, sondern sind auch noch glücklich miteinander. Welches Mädchen wollte nicht schon immer eine Prinzessin sein?

Selbst wenn wir schon lange zu alt sind, um noch an die Märchen der Gebrüder Grimm zu glauben, versenken wir uns nur zu gerne in ihre modernen Nachfolger: Liebesschnulzen aus Hollywood. Müssen wir nicht immer noch zum Taschentuch greifen, wenn Tom Hanks und Meg Ryan in »Schlaflos in Seattle« endlich auf dem Empire State Building zueinander finden? Rührt uns das Ende von »Pretty Woman« nicht auch bei der siebten Wiederholung zu Tränen, weil der Film uns zeigt, dass sich wahre Liebe über alle Gegensätze hinwegsetzt? Es gibt sie also immer noch: die große Liebe, bei der zwei Menschen ganz einfach füreinander bestimmt sind. Wenn Julia Roberts und Hugh Grant sie in »Notting Hill« finden können, warum nicht auch wir in München, Frankfurt oder Berlin? Wir lieben diese Filme dafür, dass sie uns zeigen: Auch für uns gibt es noch Hoffnung, auch uns kann die große Liebe immer und überall begegnen. Und vielleicht erleben auch wir bald schon ein filmreifes Happyend!

Nur zu dumm, dass diese Liebesschnulzen jedes Mal damit enden, dass sich das Paar endlich »kriegt.« Die Protagonisten überwinden eine ganze Reihe von Hindernissen, Missverständnissen und Unglücksfällen, bis sie sich endlich in die Arme sinken dürfen. Dabei bedeuten ein verliebter Kuss und süßliche Geigenklänge noch lange nicht, dass von nun an alles eitel Sonnenschein ist und das Paar nun auch tatsächlich »happily ever after« lebt. Die Schwierigkeiten, die der Alltag einer Beziehung mit sich bringt, verschweigt uns Hollywood lieber, schließlich sollen wir ins Kino gehen, um unseren Alltagsproblemen für ein paar Stunden zu entfliehen. Niemand wird freiwillig sieben Euro ausgeben, um einem Leinwandpaar zuzuhören, wie es sich streitet, wer den Müll herunterträgt – das können wir zu Hause auch umsonst haben!

Vielleicht sind gerade deshalb die tragisch endenden Liebesgeschichten die schönsten, denn so bekommt der graue Alltag gar nicht erst die Chance, das junge Glück zu zerstören. Erinnern wir uns nicht noch alle daran, wie wir geheult haben, als Leonardo DiCaprio am Ende von »Titanic« in den eisigen Fluten unterging? Nicht auszudenken, was passiert wäre, wenn der gute Leonardo überlebt hätte. Vermutlich hätte Kate Winslet ihren Entschluss, mit ihm zusammenzubleiben, tatsächlich in die Tat umgesetzt – und dann? Als verwöhntes reiches Mädchen aus gutem Hause war sie es nicht gewöhnt, selbst für ihren Lebensunterhalt aufzukommen. Genau das hätte sie aber nun tun müssen, denn von Leonardos Malerei hätten die beiden wohl kaum leben können. Außerdem hätte sie in schneller Abfolge einige Kinder bekommen, die Geschichte spielt immerhin 1912, da war noch weit und breit keine Pille in Sicht. Kate wäre also den Rest ihres Lebens zwischen Aushilfsjobs in Fabriken und Wäschereien, dem heimatlichen Herd und dem Wickeltisch hin und her geeilt. Von dem aufregenden Leben, das sie sich erträumt hatte, wäre nichts übrig geblieben. Und Leonardo? Der hätte auch nicht mehr so viel Zeit zum Malen, denn irgendwie müsste er ja auch seine Familie ernähren. Er könnte sich nicht mehr mal hierhin, mal dorthin treiben lassen, sondern würde in irgendwelchen Fabriken arbeiten, und das zwölf Stunden am Tag. Und wir wissen ja alle, wohin so etwas führt: Frust, Alkoholismus, andere Frauen und so weiter.

Schon kann man hören, wie Kate ihn anschreit, wenn er nachts um zwölf leicht schwankend in der Wohnungstür steht: »Wo kommst du denn jetzt her? Ich sitze hier herum und weiß nicht, wie ich die Lebensmittel bezahlen soll, um deinen Kindern was zu essen zu kochen. Der Laden lässt mich nicht länger anschreiben und Kohlen haben wir auch keine mehr! Und schau erst einmal meinen Rock an! Der hat so viele Löcher, dass ich mich kaum mehr auf die Straße traue! Und du? Du schleppst alles Geld in die Kneipe und wir wissen hier nicht einmal, wie wir satt werden sollen. Hätte ich nur auf meine Mutter gehört!« Doch das lässt Leonardo nicht auf sich sitzen: »Denkst du denn, es macht mir Spaß, jeden Tag in der Brauerei schwere Kisten zu schleppen? Ich bin Künstler und nun bin ich am Abend so erschöpft, dass ich nicht einmal mehr einen Pinsel halten kann! Kaum gehe ich dann mal in die Kneipe und will ein bisschen Vergnügen haben, keifst du gleich wieder los! Schau dich doch an, wieso sollte ich meine Zeit auch mit dir verbringen wollen?«

Nein, keine zwei Jahre hätte ich den beiden gegeben. Dann wäre Kate heulend in den Schoß ihrer Mutter zurückgekehrt, hätte irgendeinen ältlichen, verschrobenen Witwer geheiratet, der froh ist, überhaupt noch eine abzubekommen, und daher auch gerne eine »gefallene« Frau nimmt. Oder sie hätte sich fortan wohltätigen Aufgaben gewidmet, weit weg von der

Heimat am besten, noch dazu in einer Gegend, wo niemand über ihren Fehltritt Bescheid wusste. Auf jeden Fall hätte sie Leonardo als größten Fehler ihres Lebens abgestempelt und nie wieder ein Wort über ihn verloren. Nein, es war schon ganz gut so, dass die »Titanic« unterging und Leonardo einen grausamen Tod im eiskalten Wasser des Atlantiks starb. So konnten wir uns der Illusion hingeben, die beiden seien wirklich füreinander bestimmt gewesen. Und auch Kate wird ihren Leonardo immer als ihre große Liebe in Erinnerung behalten, schließlich bekam sie nie die Gelegenheit, seine negativen Seiten kennen zu lernen. Ist das nicht herrlich romantisch?

Kinofilme, TV-Serien und Liebesromane bringen uns dazu, nach wie vor an die große Liebe zu glauben und im Notfall ewig auf sie zu warten, wenn sie sich nicht von selbst einfindet. Irgendwo da draußen muss sie doch sein! »I want to believe« steht auf dem Poster, das in »Akte X« Fox Mulders Büro ziert. Auch wir wollen glauben, allerdings nicht an Außerirdische, sondern »nur« an die große Liebe. Von diesem Wunsch können uns nicht einmal Scheidungszahlen und Seitensprung-Statistiken abbringen. Wir befinden uns also mitten in einem großen Konflikt: Glaube wider besseres Wissen.

Leider können wir eben nie 100-prozentig wissen, ob unser Märchenprinz nun zu der Hälfte Männer gehört, die irgendwann einmal fremdgeht. Wir können auch nicht wissen, ob unsere Ehe zu den zwei Dritteln aller Ehen gehört, die nicht geschieden wird. »Drum prüfe, wer sich ewig bindet«, heißt es in einem uralten Gedicht. Und frei nach Schiller prüfen und prüfen wir eben, ob unser Partner tatsächlich der richtige für uns ist.

Ich erinnere mich noch zu gut an eine frühere Arbeitskollegin: Sabine war schon vier Jahre mit ihrem Freund zusammen, seit zwei Jahren lebten die beiden unter einem Dach. Als in der Mittagspause einmal das Gespräch auf das Thema »Heirat« kam, sagte Sabine doch glatt: »Also heiraten, ich weiß nicht. Ich bin doch gar nicht sicher, ob Markus überhaupt der Richtige für mich ist.« Am liebsten hätte ich sie an den Schultern gepackt, kräftig geschüttelt und geschrien: »Hör mal, Mädchen, ihr seid seit vier Jahren zusammen und du weißt nicht, ob er der Richtige ist? Wann willst du es denn dann wissen? Wenn ihr 60 seid?« Und wenn sie nicht gestorben sind, so prüfen sie sich noch heute.

Noch etwas bewirken diese fiesen Liebesschnulzen aus Hollywood. Sie gaukeln uns vor, ein Mann müsste immerzu ganz furchtbar romantische Dinge tun, um uns zu beweisen, wie sehr er uns liebt. Wünschen wir uns nicht alle einen heißblütigen Romeo, der kein Hindernis scheut, um mit uns vereint zu sein? Der lieber sterben würde, als ohne uns leben zu müssen? Doch das Romantischste, was unser Partner je für uns getan hat, war, uns eine heiße Suppe ans Bett zu bringen, als wir krank waren. Das hat er zwar wirklich lieb gemeint, aber es war bei weitem nicht so spektakulär, oder? Superliebhaber à la Hollywood – denken wir nur einmal an Johnny Depp in »Don Juan De Marco« – setzen uns den Floh ins Ohr, dass es irgendwo vielleicht doch noch etwas Besseres, sprich: einen viel romantischeren Mann geben könnte, als wir ihn zu Hause im Wohnzimmer sitzen haben. Und schon stecken wir mittendrin im nächsten Dilemma. Wir zweifeln und zweifeln: Ist unser Partner auch wirklich der Richtige, der Allereinzige für uns, derjenige, mit dem wir den Rest unseres Lebens verbringen möchten?

## Ist das wirklich Mister Right?: Hinterfragen der Partnerschaft

In der Quarterlife Crisis zweifeln wir nur zu gerne an allem und jedem und fragen uns, ob wir in unserem Leben bisher alles richtig gemacht haben. Davon ist selbst unser Partner nicht ausgenommen, auch er wird einer gründlichen Prüfung unterzogen. Manchmal kommen wir dabei zu einem Ergebnis, das für ihn nicht besonders günstig ausfällt!

Dieser Aspekt der Quarterlife Crisis betrifft vor allem diejenigen, deren Beziehungen schon ein paar Jahre auf dem Buckel haben. Frisch Verliebte haben ja die berühmte rosarote Brille auf und finden es noch süß, wenn der Angebetete nach dem Essen genüsslich rülpst. Sie hinterfragen ihr junges Glück noch nicht, sondern schweben für die nächste Zeit auf Wolke Sieben (all diejenigen frisch Verliebten, die sich ihre Illusionen nicht zerstören lassen wollen, blättern nun am besten direkt zum nächsten Kapitel weiter). All diejenigen hingegen, die bereits einige Zeit mit ihrem Partner zusammen sind und vielleicht sogar schon zusammenwohnen, werden irgendwann mit der aufdringlichen Frage konfrontiert werden.

Vielleicht ist es Tante Frieda, die auf dem 55. Geburtstag unserer Mutter nicht länger an sich halten kann: »Und wann wird endlich geheiratet?« Oder es ist unsere Cousine, die bei ihrer Hochzeit neckisch genau uns den Brautstrauß zuwirft: »Mal sehen, wer die Nächste ist!« Vielleicht ist es auch eine Freundin, die sich wieder einmal bei uns ausheult und neiderfüllt sagt: »Du hast's gut, du hast den Richtigen wenigstens schon gefunden.« Vielleicht denken wir sogar selbst daran, wenn wir fast jeden Samstag zu einer Hochzeit eingeladen sind. »Eine nach der anderen kommt unter die Haube. Sollten wir nicht langsam auch mal?«

Ganz klar, wer in einer festen Beziehung lebt und langsam, aber sicher auf die 30 zusteuert, wird immer öfter mit dem »H«-Wort konfrontiert. In meinem Freundeskreis setzte die erste große Heiratswelle ein, als die Lehramtskandidaten ihre Referendariate beendeten und auf eine Planstelle an irgendeinem bayerischen Gymnasium hofften. Damit sie nur ja nicht in den Bayerischen Wald versetzt wurden, wo sich bekanntlich Fuchs und Hase Gute Nacht sagen, traten sie eben einmal schnell vor den Traualtar bzw. den Standesbeamten, waren somit ortsgebunden (mann-gebunden wäre passender) und durften in der geliebten Großstadt bleiben.

Mittlerweile hat in meinem persönlichen Umfeld übrigens die erste Kinderwelle eingesetzt, denn nach zwei bis drei Jahren im Beruf sind viele Junglehrerinnen schon wieder so frustriert, dass sie freiwillig Kreide gegen Kinderwagen und Wandtafel gegen Windeln tauschen. Doch das gehört ins nächste Kapitel. Ich hoffe nur, dass nicht in ein paar Jahren die erste große Scheidungswelle meinen Freundeskreis erfasst.

Auf jeden Fall gab es da einen Sommer, in dem ich fast jedes Wochenende auf einer Hochzeit verbrachte oder jemanden kannte, der an diesem Wochenende heiratete. Da fragte ich mich schon ab und zu: »Wie können sich diese Paare alle so sicher sein?« Ob der eine oder andere von ihnen vor der Hochzeit auch gezweifelt hat, weiß ich nicht, denn so etwas hätte ich natürlich nie gefragt (und wahrscheinlich hätte ich sowieso keine ehrliche Antwort bekommen). Aber irgendwann werden sie sich diese Frage wohl schon gestellt haben. So konnten sie dann an ihrem Hochzeitstag mit gutem Gewissen »Ja« sagen. Oder auch nicht, wie es zum Beispiel

Hanna (28) erlebte. »Acht Jahre waren Stefan und ich zusammen und irgendwie war allen klar, dass wir auch zusammenbleiben würden. Eines Tages war es dann tatsächlich so weit und Stefan stellte die alles entscheidende Frage: ›Willst du meine Frau werden?‹ Statt einem freudigen ›Ja‹ war da jedoch nichts als Entsetzen. Ich bat mir Bedenkzeit aus und stellte fest, dass Stefan zwar mein bester Freund war, mehr aber nicht. Ihm das zu sagen, war das Schwierigste, das ich je tun musste, und ich habe mir die Entscheidung ganz bestimmt nicht leicht gemacht. Stefan litt zwar sehr darunter, dennoch kämpfte er nicht um mich. Ich wollte erst einmal einen radikalen Neuanfang, kündigte meinen Job und zog von Bremen nach Hamburg. Momentan nehme ich das Leben ein wenig leichter. Mal sehen, was kommt!«

Wenn wir auf die 30 zugehen, macht sich bei einigen von uns ein richtiger Nestbautrieb bemerkbar. Anstatt jedes Wochenende zum Skifahren zu gehen oder ein halbes Monatsgehalt für sündhaft teure Schuhe zu verprassen, wird plötzlich jeder übrige Cent auf die hohe Kante gelegt. Falls wir irgendwann doch einmal heiraten und Kinder kriegen sollten, brauchen wir schließlich eine größere Bleibe, wenn möglich sogar mit Garten. Die enge Zweizimmerwohnung mitten in der Stadt reicht dann jedenfalls nicht mehr. Unsere Samstage verbringen wir nun nicht mehr gemütlich im Bett, sondern zwischen vielen anderen jungen Paaren mit kreischenden Kindern bei Ikea, um der Wohnung den letzten Schliff zu geben. Statt »Cosmopolitan« oder »Glamour« türmen sich »Schöner Wohnen« oder »Architektur & Wohnen« auf unserem Couchtisch. Am Ende leihen wir uns noch die alte Nähmaschine unserer Mutter, um aus einem schönen Stoff Vorhänge für die Wohnzimmerfenster zu nähen.

Solche Szenerien haben mit einem Mal Vorrang in unserem Leben, es geht nun nicht mehr darum, ob der neue Club wirklich so hip ist und wie wir am besten in dieses neue Top passen, das wir da neulich im Schaufenster gesehen haben. Unsere gesamte Energie ist darauf gerichtet, ein möglichst gemütliches und kuscheliges Nest zu bauen, um den Kindern ein Zuhause zu geben. Diese Arbeit bleibt meist an uns Frauen hängen, denn Männer ... Na ja, wir wissen ja, dass es ihnen in den meisten Fällen nichts ausmacht, wenn die Vorhänge nicht zum Teppich passen. Sie setzen andere Prioritäten: »Natürlich ist dieser Schrank nicht besonders hübsch, aber du musst doch zugeben, er ist ziemlich praktisch. Und ja, ich brauche unbedingt einen großen Fernseher, wie soll ich sonst beim Fußball die Spieler erkennen können?« Häufig sind wir Frauen viel zu sehr damit beschäftigt, es unserem Partner so gemütlich und bequem wie möglich zu machen, damit er uns auch ja heiratet und wir viele hübsche Kinder bekommen – und wenn wir nicht gestorben sind ... ja, ja, das hatten wir schon.

Hinter diesen ganzen Aktivitäten rund um Nestbau und Familiengründung vernachlässigen wir jedoch häufig unsere eigenen Wünsche und Bedürfnisse. Klar, eine Hochzeit steht jetzt langsam an, schließlich sind wir inzwischen vier Jahre zusammen. Andererseits ist da auch noch das Jobangebot, das uns aus einer anderen Stadt vorliegt. Der absolute Traumjob! Wollen wir das wirklich ausschlagen, nur um bei unserem Partner zu bleiben? Wenn es wahre Liebe ist, natürlich, oder vielleicht zieht unser Partner sogar mit. Aber wann ist es wahre Liebe? Wann ist unser Partner wirklich unser »Mister Right« und nicht nur unser »Mister Right Now«?

Diese Frage kann kein Buch der Welt beantworten und auch kein noch so schlauer Psychotest in einer Frauenzeitschrift, bei dem es nur drei mögliche Ergebnisse gibt: a) sofort heiraten, b) könnte passen, noch ein wenig abwarten und c) nichts wie weg damit! Darauf müssen wir selbst die Antwort wissen und unter Umständen die Notbremse ziehen, selbst wenn wir damit unseren Partner zutiefst verletzen.

Eine, die sozusagen in fast letzter Sekunde die Notbremse gezogen hat, ist Karen. Sie war fast drei Jahre mit Stefan zusammen, als sie mich letztes Jahr am Tag nach Weihnachten anrief und mir überglücklich verkündete, dass sie und ihr Freund Stefan beschlossen hätten, zu heiraten. Ich jubelte und beglückwünschte die beiden, hatte jedoch irgendwie ein ungutes Gefühl bei der Sache. Ich kannte meine Karen nur zu gut und hatte mir schon unzählige Male angehört, dass sie eigentlich gar keine Karrierefrau sei und am liebsten heiraten und Kinder kriegen würde. Spätestens mit 30 wollte sie verheiratet sein und rein zufällig stand im nächsten Jahr Karens 30. Geburtstag an. Irgendwie beschlich mich der Verdacht, dass es meiner Freundin eigentlich in erster Linie darum ging, überhaupt zu heiraten und nicht darum, Stefan zu heiraten. Das konnte ich ihr natürlich so nicht ins Gesicht sagen und drückte es lieber etwas diplomatischer aus: »Wow, das ist ja wirklich ein großer Schritt. Ich hoffe, ihr habt euch das auch gut überlegt«, sagte ich omamäßig mit erhobenem Zeigefinger. »Ja klar, natürlich, man heiratet doch nicht einfach so«, kam die Antwort, was mich auch nicht wirklich beruhigte. Aber ich kannte Stefan (außer aus Karens Erzählungen) ja auch kaum, denn er interessierte sich nicht besonders für Karens Freundinnen (hätte ihr dies nicht eigentlich eine Warnung sein sollen?).

Die beiden planten die Hochzeit, wie das halt nun mal so geht: Trauzeugen wurden festgelegt, ein Restaurant für die Feier wurde ausgesucht, Unterkünfte für die von weiter her anreisenden Gäste gebucht und so weiter und so fort. Irgendwann hatte ich dann Karen wieder am Telefon, heulend zwar, aber trotzdem erleichtert. Es würde keine Hochzeit geben! Sie hatte wirklich in letzter Sekunde gemerkt, dass Stefan nicht der Richtige für sie war und dass es ihr tatsächlich mehr ums Heiraten an sich ging, weil sie irgendwie das Bild im Kopf hatte, man müsse mit 30 nun einmal verheiratet sein. Ihre Eltern waren im ersten Moment zwar ziemlich schockiert, denn sie hatten bereits eine Menge Geld ausgegeben, waren aber letztendlich froh, dass ihre Tochter sich nicht ins Unglück stürzte. Stefan und seine Eltern waren dagegen tödlich beleidigt und sprechen bis heute kein Wort mehr mit ihr. Ich kann nur sagen, dass ich Karen für ihre Entscheidung bewundere, denn sie erforderte wesentlich mehr Mut, als die Hochzeit einfach durchzuziehen. Natürlich musste sie einer Menge Menschen, darunter vor allem Stefan, sehr wehtun, doch im anderen Fall hätte sie sich selbst unglücklich gemacht. Und heute? Heute hat Karen einen neuen Freund, mit dem sie wesentlich glücklicher ist, als sie es mit Stefan je war. Sie ist zwar mit 31 immer noch nicht verheiratet, doch scheint sie das ganz gut wegzustecken. Falls nicht, so jammert sie wenigstens nicht darüber.

Und die Moral von der Geschicht? Die Quaterlife Crisis kann auch in der Partnerschaft gehörig zuschlagen und uns ernsthaft an unserem Partner zweifeln lassen. Ab und zu eine nachdenkliche Phase oder ein klitzekleines Hinterfragen ist zwar ganz normal, aber wenn sich dauerhaft das Gefühl einschleicht, unser Leben verläuft überhaupt nicht mehr so, wie wir uns das vorgestellt haben, können radikale Entscheidungen nötig sein – und das ist nicht immer leicht.

Schließlich zwingt uns auch die beginnende Berufstätigkeit, unsere Partnerschaft zu überdenken. Auf einmal stehen wir vor einer 40-Stunden-Woche, dazu noch der Haushalt, und plötzlich stellen wir fest, dass wir kaum noch Zeit für unseren Partner haben. Beruf und Privatleben unter einen Hut zu bringen, ist alles andere als einfach – das kann wohl jeder bestätigen. Stecken beide Partner in derselben Situation, so sind die Probleme zwar nicht geringer, jedoch kann der Partner die eigenen Schwierigkeiten zumindest nachvollziehen. Ernsthafte Konflikte ergeben sich dagegen, wenn ein Partner anfängt zu arbeiten, der andere aber noch studiert. Unvermittelt wird nichts aus der geplanten vierwöchigen Rucksacktour durch Südafrika, weil unser Partner nicht so lange Urlaub bekommt. Die Tagesabläufe sehen auf einmal völlig entgegengesetzt aus und die unterschiedlichen Einkommensverhältnisse sorgen für zusätzliche Reibereien.

So ähnlich lief es auch bei Katharina und Markus. Beide sind 27 Jahre alt, kennen sich seit drei Jahren und leben zusammen in einer Zweizimmerwohnung. Katharina fand nach ihrem BWL-Studium eine Traineestelle im Produktmanagement, während Markus noch an seiner Diplomarbeit schrieb. Aus Katharinas Sicht klingt die Situation des jungen Paares so: »Ich muss leider ziemlich oft Überstunden machen und komme meistens erst nach sechs nach Hause. In der Küche stapeln sich die Kaffeetassen, der Kühlschrank ist leer und Markus sitzt vor dem Computer. ›Gut, dass du kommst‹, schallt es mir dann entgegen, ›ich habe gerade mit Sabine und Stefan ausgemacht, dass wir nachher noch ins

Kino gehen. Ich bin froh, wenn ich mal unter Leute komme. Mir fällt hier noch die Decke auf den Kopf. Ziehst du dich schnell um? Essen können wir ja unterwegs noch eine Kleinigkeit.‹ Dabei habe ich gerade einen stressigen Tag in der Firma hinter mir und würde am liebsten erst mal in Ruhe in die Badewanne. Einkaufen muss ich aber auch noch und wer soll bitte den Saustall in der Küche wegmachen? Arbeit, Haushalt und Beziehung – das wächst mir einfach alles über den Kopf.«

Aus Markus' Sicht stellen sich die Dinge ganz anders dar: »Früher war Katharina so unternehmungslustig, da konnte sie gar nicht spät genug nach Hause kommen. Jetzt muss ich schon froh sein, wenn ich sie mal ins Kino locken kann. Aber immer nur zu Hause hocken? Wir sehen unsere Freunde schon so gut wie nicht mehr. Außerdem versucht sie auch noch, den ganzen Haushalt auf mich abzuwälzen. ›Du bist ja sowieso zu Hause‹, heißt es dann. Dabei sitze ich hier keineswegs nutzlos vor der Glotze, sondern arbeite an meiner Diplomarbeit. Selbst wenn ich dafür nicht bezahlt werde, ist das trotzdem anstrengend. Immer ist sie müde und Sex haben wir auch kaum noch.«

Ganz klar, das junge Paar hat erheblich mit den veränderten Lebensumständen zu kämpfen, die Katharinas Berufstätigkeit mit sich bringt. Wenn den beiden etwas an ihrer Beziehung liegt, müssen sie schleunigst lernen, damit umzugehen. Früher oder später wird auch Markus mit seinem Studium fertig sein und einen Job finden, dann wird er Katharinas Probleme nachvollziehen können. Es kann jedoch auch sein, dass die veränderten Lebensumstände das Paar aus seiner gewohnten Bahn werfen und dass sich für Katharina zwar eine neue Tür geöffnet hat, eine andere sich dafür jedoch schließen wird: die Tür zu ihrer Beziehung mit Markus. Auch hier bringt uns die Quarterlife Crisis ins Zweifeln und lässt uns darüber nachdenken, ob unsere Beziehung es wert ist, dafür zu kämpfen.

Natürlich will ich hier keineswegs so pessimistisch sein und die Quarterlife Crisis als beziehungszerstörendes Monstrum hinstellen. Sie hilft uns lediglich manchmal auf die Sprünge und lässt uns erkennen, dass in einer Partnerschaft vielleicht schon länger der Wurm drinsteckt. Sie kann aber auch das genaue Gegenteil bewirken. Manchmal erkennen wir in der Quarterlife Crisis erst richtig, was wir an unserem Partner haben – nämlich dann, wenn er unsere Probleme nicht nur als »Spinnerei« abtut, sondern uns beisteht und herauszufinden hilft, was wir mit unserem Leben anfangen wollen. Oder wir merken, dass es zwar in unserem Leben an allen Ecken und Enden hakt, unser Partner aber nach wie vor der Richtige für uns ist. Wir haben in letzter Zeit womöglich viel an ihm herumgenörgelt und gestritten, aber daran war nur unsere unbefriedigende Arbeitssituation schuld.

Auch hier zwingt uns die Quarterlife Crisis zum Nachdenken.

Sie lässt uns also unsere Partnerschaften und Beziehungsmuster gründlich überdenken. Selbst in diesen Bereich unseres Lebens schleichen sich Zweifel ein und wir sind unfähig, Entscheidungen zu fällen, bis es unter Umständen zu spät ist. Neben diesem Hinterfragen der Partnerschaft hat die Quarterlife Crisis in unserem Liebesleben noch zwei weitere typische Auswirkungen: Bindungsangst und Beziehungs-Hopping.

## Von Bindungsangst und Beziehungs-Hopping

Eine wichtige Ursache für die Bindungsangst vieler Mitt- und Endzwanziger haben wir bereits kennen gelernt: die hohen Scheidungs- und Seitensprungraten, die uns oft an der Existenz der großen wahren Liebe zweifeln lassen. Bei den Männern kommt zu dieser Angst vor einer Enttäuschung noch die Sorge, im Falle einer Scheidung vor dem finanziellen Ruin zu stehen. Bevor sie Pleite gehen, binden sie sich also lieber gar nicht erst.

Nun mögen uns abstrakte Statistiken aus der Zeitung relativ wenig beeindrucken, wesentlich härter trifft es uns dagegen, wenn eine langjährige Beziehung oder gar Ehe in unserem Freundeskreis zerbricht. Nur zu gut können wir uns noch daran erinnern, wie sich das Nun-Ex-Paar kennen gelernt hat, wie verliebt die beiden anfangs waren und was wir ihnen zur Hochzeit geschenkt haben. Und jetzt soll all das vorbei sein? Dabei haben die beiden so gut zusammengepasst! Mit Sicherheit erzählt uns mindestens eine der beiden Parteien, warum die Partnerschaft gescheitert ist, und wir können die Argumente wahrscheinlich auch nachvollziehen, doch trotzdem sind wir in unseren Grundfesten erschüttert. Wenn nicht einmal dieses vermeintliche Traumpaar es geschafft hat, wie sollen wir es dann schaffen? Die beiden waren doch einmal ebenso glücklich wie wir mit unserem Partner, wo ist dieses Glück nur geblieben? Können wir uns sicher sein, dass es uns nicht ganz genauso geht?

Endlose Stunden lang trösten wir unsere beste Freundin, die als jämmerliches Häufchen Elend auf unserer Couch sitzt und sich die Augen ausweint, weil ihr Freund eine Affäre mit einer Kollegin hat. »Männer sind Schweine«, zitieren wir

»Die Ärzte« und versuchen, unsere Freundin zu beruhigen, währenddessen beschleicht uns der Gedanke: »Meiner etwa auch?« Und schon schnuppern wir am Abend ganz besonders misstrauisch an unserem Liebsten, ob sich da nicht vielleicht der Hauch eines fremden Parfüms an seinem Hemdkragen befindet. Könnten wir etwa auch so fürchterlich verletzt werden wie unsere beste Freundin, die mit 29 nun vor den Scherben ihres ehemaligen Glücks steht?

Die Angst vor Enttäuschungen und Verletzungen steckt sicherlich in vielen Fällen hinter der Unfähigkeit oder dem Unwillen, eine feste Beziehung einzugehen. Woher diese Angst wiederum kommt, ist von Fall zu Fall verschieden. Dahinter können Kindheitserfahrungen stecken, Zurückweisungen durch die Eltern oder auch eine Trennung oder Scheidung, bei der einer unserer Elternteile sehr gelitten hat. Weil wir am eigenen Leibe erfahren haben, wie sehr unsere Mutter mit ihrer Scheidung zu kämpfen hatte (und sie uns vielleicht immer wieder eingeschärft hat: »Heirate bloß nie. Das war der größte Fehler meines Lebens!«), stehen wir Partnerschaften von Haus aus misstrauisch gegenüber und haben Probleme, einem anderen Menschen zu vertrauen und eine Beziehung mit ihm einzugehen.

Doch ist das kein Symptom der Quarterlife Crisis, Menschen aller Altersstufen leiden daran.

In der Quarterlife Crisis geht die Bindungsangst stattdessen häufig mit dem Gefühl einher, wir seien doch eigentlich viel zu jung für eine feste Beziehung. Das behaupten wir zumindest. In Wirklichkeit haben wir ganz einfach Angst, etwas zu verpassen. Sich mit 25 schon fest binden? Da wissen wir doch noch gar nicht, wer wir eigentlich sind und was wir mit unserem Leben anfangen wollen. So wie wir gerne mit verschiedenen Studienfächern und Ausbildungen, Jobs und Lebensstilen herumspielen, so probieren wir auch gerne mehrere Partner aus.

Da wäre einmal der liebenswerte Chaot, der mit 30 immer noch in einer Studentenbude haust, in den Tag hineinlebt und dem wir ab und zu 50 Euro zustecken müssen. Dafür ist er herrlich spontan und überrascht uns des Öfteren mit den irrwitzigsten Einfällen. Dann wäre da noch der Karrieretyp, der uns in teure Restaurants einlädt und uns am Wochenende mit seinem Porsche ins Grüne entführt. Er hat zwar nur selten Zeit für uns (irgendwie muss die Kohle ja auch verdient werden), aber wenn er dann mal da ist, gehört er uns dafür 100-prozentig. Da wäre der Nervenkitzel einer heimlichen Affäre mit dem verheirateten Kollegen, dem Chef oder dem Mann, vor dem uns unsere Eltern immer gewarnt haben. Nicht zuletzt gehört es heutzutage ja schon fast zum guten Ton, einmal einen jüngeren Mann »ausprobiert« zu haben! »Er ist jünger ... sie ist glücklich« vermeldete die »Elle« im September 2002 und präsentierte uns Paare wie Madonna und Guy Ritchie (elf Jahre Altersunterschied) oder Susan Sarandon und Tim Robbins (zwölf Jahre) als Vorbilder. Und wie können wir eigentlich sicher sagen, dass wir auf Männer stehen, wenn wir es nicht zumindest einmal mit einer Frau versucht haben?

Häufig steckt die Angst, etwas zu verpassen, hinter der typischen Bindungsphobie der Mitt- bis Endzwanziger. Es wäre doch wirklich eine Tragödie, wenn wir heute unseren langjährigen Partner heiraten und morgen der wahren Liebe unseres Lebens begegnen würden, oder? So wie wir an unserer Arbeit zweifeln und uns fragen, ob es vielleicht irgendwo einen Job gibt, der uns mehr Spaß macht und bei dem wir mehr

Geld verdienen, befürchten wir auch, dass es irgendwo auf der Welt einen Menschen geben könnte, der noch besser zu uns passen könnte. Wäre es da nicht sinnvoller, einfach weiterzusuchen und sich vorerst nicht festzulegen?

Das Klischee vom ungebundenen Mitt- bis Endzwanziger, der von Bett zu Bett springt und eine Vielzahl von Affären hat, ist meist genau das: ein Klischee, vielleicht sogar eine Projektion eigener Wünsche von Eltern und Psychologen. In der Realität sind wir jedoch am Abend eines langen Arbeitstages viel zu müde und tun schlicht und ergreifend gar nichts.

Statistisch gesehen hatte eine 30-jährige Frau in ihrem Leben gerade einmal vier Liebhaber – das ist also nicht gerade besonders aufregend. Doch wen wundert das, immerhin ist unsere typische Beziehungsform die »serielle Monogamie«. Wir haben eine feste Beziehung, die so lange gut geht, bis es ernst wird, bis wir uns entscheiden müssen, ob wir wirklich den nächsten Schritt, sprich: gemeinsame Wohnung oder gar Heirat, wagen wollen. Dann stellt meist einer der beiden Partner fest, dass er noch nicht so weit ist, man trennt sich und das Spielchen geht wieder von vorne los.

Wenn alles gut geht, bleiben wir trotzdem noch »gute Freunde«. Oder der erste große Krach zeigt uns plötzlich, dass unser Partner unseren Träumen gar nicht entspricht, und wir suchen uns eben einen neuen. So entstand dann auch der »Lebensabschnittsgefährte«, der in jüngster Zeit den »Lebensgefährten« zu ersetzen scheint. Unser Partner begleitet uns durch einen bestimmten Abschnitt unseres Lebens, danach ist – schwuppdiwupp – der nächste an der Reihe. Für den Rest seines Lebens festlegen will sich kaum noch jemand. Statt einem Traummann für die Ewigkeit bekommen wir nur einen Mann, der für eine bestimmte Lebensphase der Richtige für uns ist. Zumal eine Trennung in der Regel ohne große Probleme möglich ist. Es gibt keine gemeinsamen Konten, Wohnung, Hausratsgegenstände oder gar Kinder, die mühsam aufgeteilt werden müssen. Nein, es bleibt nur ein wenig Liebeskummer und das flaue Gefühl, schon wieder nicht den Richtigen gefunden zu haben.

Häufig geben wir einer Beziehung gar nicht erst die Chance, sich weiterzuentwickeln, weil wir nicht genug Zeit haben, die wir in unsere Partnerschaft investieren können. Wir arbeiten so viel, dass wir allein beim Gedanken an die notwendigen Vorbereitungen zur Partnersuche (vom Beine rasieren für den Fall der Fälle bis hin zur Anprobe circa 93 verschiedener Outfits) schon jegliche Lust darauf verlieren. Doch wie soll sich eine Partnerschaft entwickeln, wenn man sich lediglich zweimal pro Woche sieht? Eine Beziehung kann so nicht wachsen, daher trennen wir uns eben beim ersten großen Knall oder entwickeln uns in völlig verschiedene Richtungen. Anschließend suchen wir unser Glück dann auf ein Neues und hüpfen von Beziehung zu Beziehung – die Hoffnung auf die »große Liebe« immer im Gepäck.

**Die Legende vom glücklichen Single: Torschlusspanik oder was ist, wenn der Richtige nie kommt?**

Mit dem glücklichen Single verhält es sich ein wenig so wie mit dem Yeti. Man schließt nicht ganz aus, dass es ihn gibt. Einige wollen ihn sogar gesehen haben. Doch Beweise? Die gibt es nicht. Schön wäre es, wenn jemand (es muss nicht unbedingt Reinhold Messner sein) endlich einmal ein Exemplar dieser legendären Spezies auch tatsächlich fände. Singulum felicis – so könnte diese neue Gattung dann heißen, die sicher über Monate, wenn nicht gar Jahre die Fantasie der Menschen beschäftigen würde.

Doch Spaß beiseite: Ich glaube, dass es den glücklichen Single tatsächlich gibt, und gehe sogar so weit, mich selbst als einen solchen zu bezeichnen. Damit meine ich nicht, dass ich pausenlos in die Luft springe und jubele: »Juhu, ich habe keinen Mann«, und mich von einer Affäre in die nächste stürze. Vielmehr meine ich mit »glücklicher Single« einen Menschen – egal ob Männlein oder Weiblein –, der nicht auf Teufel komm raus unbedingt einen Partner haben muss, um sich als ganzer Mensch zu fühlen. Der nicht jeden Angehörigen des anderen Geschlechts sofort unter dem Gesichtspunkt »potenzieller Heiratskandidat« prüft. Der mit der Einstellung durchs Leben geht: »Wenn's passieren soll, dann passiert es schon; wenn nicht, dann eben noch nicht.« Und der in der Lage ist, auch ohne »bessere Hälfte« ein glückliches Leben zu führen. Solche Menschen gibt es durchaus, selbst wenn uns Medien, Mütter und glücklich liierte Freundinnen immer wieder das Gegenteil weismachen wollen.

Meine Heimatzeitung, die »Augsburger Allgemeine«, veröffentlichte zum Beispiel im April 2002 eine spezielle »Single-Beilage«. Toll, dachte ich mir damals, denn ich schrieb gerade einen Ratgeber für allein reisende Frauen, und hoffte, in dieser Beilage den einen oder anderen Tipp zu finden, den ich für mein Buch noch verwenden könnte. Ich dachte da an einen Bericht einer Frau, die mutig alleine um die ganze Welt gezogen war und als Vorbild für alle abenteuerlustigen Frauen dienen könnte. Doch Pustekuchen! In der so genannten »Single-Beilage« fand sich nichts anderes als Kontaktanzeigen, Flirt-Tipps und allerlei Mittel und Wege, um möglichst schnell einen Partner zu finden. Die Redaktion war offensichtlich dem alten Mythos aufgesessen, das Leben von Alleinstehenden drehe sich einzig und allein darum, ihren Zustand so schnell wie möglich zu beenden.

Ein Einzelfall? Keineswegs! Da ich ab und zu, wenn ich genügend Zeit habe, ganz gerne in meiner Küche herumexperimentiere (manche nennen dies auch Kochen), finden sich in meinem Bücherregal unter anderem etliche Kochbücher. Nun gehöre ich nicht zu den Menschen, die ihre Experimente sofort auf andere loslassen. Bevor ich also Freunde und Verwandte mit neuen Gerichten überfalle, möchte ich das Ganze erst einmal für mich alleine ausprobieren. Doch – wir alle wissen es – die Rezeptangaben in den meisten Kochbüchern beziehen sich auf familienübliche vier Portionen. Nun geht es erst mal ans Rechnen: Ganz klar, die Fleisch- oder Nudelmenge wird durch vier geteilt. Bei der Soße muss man leider trotzdem die angegebene Menge verwenden, denn sonst stimmt die Konsistenz nicht. Dafür schüttet man eben später drei Viertel der Soße weg, was soll's!

Spezielle Single-Kochbücher? Fehlanzeige. Eine Recherche im Internet brachte für dieses Stichwort genau einen Treffer. Dabei steigt die Zahl der Einpersonenhaushalte, vor allem in den Großstädten, stetig. In Berlin lebte im Juli 2002 sogar in 49 Prozent aller Haushalte nur eine Person. Nun bin ich ja Buchautorin und nicht ganz auf den Kopf gefallen, wenn es darum geht, einen potenziellen Markt zu erkennen. »Könnten wir nicht mal ein Single-Kochbuch machen?«, brachte ich es bei einer Themenkonferenz in meiner alten Medienagentur auf den Punkt. Alle winkten ab: »Singles sind eine Nicht-Zielgruppe, genauso wie Senioren. Das möchte eben niemand zugeben. Wer ein Single-Kochbuch kauft, outet sich an der

Kasse quasi selbst und das ist den meisten Menschen unangenehm«, hieß es. Dann eben nicht! Also lieber weiter rechnen! Als ob die Medienwelt mein Selbstbewusstsein nicht schon genug attackieren würde, hat sich nun auch noch mein Supermarkt um die Ecke dieser allgemeinen Verschwörung angeschlossen. Eier gibt es plötzlich nur noch im Zwölferpack, die kleinen Erbsen- und Mais-Dosen wurden aus dem Sortiment genommen und Melonen gibt es auch nur noch im Ganzen zu kaufen, nicht mehr in einzelnen Stücken oder Vierteln. Und das mitten in der Innenstadt, nicht etwa in einer Reihenhaussiedlung, in der hauptsächlich Familien wohnen. So stehe ich also vor dem Problem, immer häufiger Lebensmittel wegwerfen zu müssen, was mir regelmäßig ein schlechtes Gewissen verursacht, vier Tage hintereinander Melone zu essen oder arglose Freundinnen zu beglücken: »Willst du vielleicht eine halbe Melone? Habe ich heute erst gekauft, schaffe ich aber nicht ganz.« Vielleicht sollte ich gleich einen Zettel ans schwarze Brett im Supermarkt heften: »Single (w/31) sucht Partner(in) für Melonengemeinschaft. Tel: ...«

Die Welt da draußen ist also offensichtlich der Meinung, es gebe keine Singles, und falls doch, dann sollten diese sich so schnell wie möglich auf die Suche nach einem Partner begeben oder sich zumindest so unauffällig wie möglich verhalten. Selbst in unserem engeren Umfeld fällt man uns in den Rücken. Wenn wir unsere Mütter anrufen, lesen sie uns aus der Zeitung vor, welche unserer alten Schulfreunde und Nachbarn im letzten Monat geheiratet haben. Kurz darauf fällt dann auch schon der gefürchtete Satz: »Der Sohn meiner Arbeitskollegin ist auch Single, 33 ist er und Arzt. Wäre der nichts für dich?« Plötzlich scheint es im Bekanntenkreis unserer Mütter nur so zu wimmeln von attraktiven, intelligenten und auch noch vermögenden idealen Schwiegersöhnen. Dazu kommen Seitenhiebe, die natürlich nur scherzhaft gemeint sind, wie: »In deinem Alter hatte ich schon das zweite Kind.« Und auch unsere Freunde schrecken nicht vor allerlei Verkuppelungsversuchen zurück. Bei mir schrillen sofort alle Alarmglocken, wenn ich folgende Worte höre: »Ach ja, heute Abend kommt noch der Soundso mit. Das ist ein ganz Netter, du wirst schon sehen.«

Irgendwann einmal ist der Zeitpunkt gekommen, an dem in unserem Bekanntenkreis endgültig die Pärchenkrankheit ausgebrochen ist. Unsere Freunde existieren plötzlich nur noch im Doppelpack. Fragt man ganz unschuldig, wer denn alles zur Party komme, so heißt es: »Susanne und Stefan, Tanja und Peter, Alexandra und Andreas, den kennst du noch nicht, ist aber echt nett, Sandra und Michi, vielleicht auch noch Silke und Martin. Und du.« Wollen wir die beste Freundin mal wieder alleine sehen, weil wir beispielsweise mal wieder ausgiebig über Männer lästern wollen oder einfach nur stundenlang das Problem, die passenden Schuhe zu finden, diskutieren möchten, so müssen wir schon explizit zu einem »Weiberabend« laden. Und selbst dann kann es Probleme geben, wenn der Herzallerliebste so gar nicht einsehen will, warum sein Schatzilein ohne ihn loszieht. Aber wehe, die lieben Damen sind plötzlich »Kurzzeit-Singles«, weil ihr Partner auf Geschäftsreise ist. Dann klingelt unser Telefon Sturm. »Wir müssen unbedingt heute Abend einen draufmachen. Ich habe nämlich Ausgang, der Markus ist in Berlin.« Na klar, wir armen Singles warten ja nur auf solche Anrufe, wir haben ja sonst niemanden, der sich um uns kümmert. Und lassen natürlich auch prompt gleich alles stehen und liegen ...

Geradezu unverschämt finde ich es aber, wenn ich von so genannten Freundinnen alleine nicht mehr eingeladen werde, angeblich aus Rücksicht, damit ich mich nicht wie das fünfte Rad am Wagen fühle. Stimmt, dieses Gefühl ist wirklich blöd, vor allem, wenn man den ganzen Abend unter Frischverliebten sitzt, die nichts anderes im Sinn haben, als ungehemmt miteinander zu turteln. Aber bin ich plötzlich uninteressant, nur weil ich keinen Partner habe? Meine eigene Theorie lautet da ganz anders: Ich unterstelle diesen Freundinnen nämlich, dass sie insgeheim neidisch sind, weil ich auch einmal spontan etwas unternehmen kann, ohne meinen Partner vorher um »Erlaubnis« zu fragen. Weil ich erst um 4.00 Uhr morgens nach Hause kommen kann, ohne dass jemand mit vorwurfsvollem Blick auf mich wartet (von meinem Kater mal abgesehen, aber der ist mit einer Schüssel Whiskas schnell wieder besänftigt). Weil ich 200 Euro für ein Paar Schuhe ausgeben kann, ohne mich dafür rechtfertigen zu müssen. Vielleicht haben sie ja auch Angst, dass mich einer ihrer Freunde einfach attraktiver finden könnte!

Jedenfalls tragen all diese kleinen Verschwörungen gegen den glücklichen Single dazu bei, dass wir uns ohne Partner unvollständig fühlen und meinen, weniger wert zu sein als unsere bemannten Freundinnen. Das schlägt sich auf unser Selbstbewusstsein nieder, und schon wünschen wir uns nur eines: einen Partner, und zwar so schnell wie möglich. Schließlich wollen wir endlich wieder von der Gesellschaft akzeptiert werden.

Was hat das alles jetzt mit unserer Quarterlife Crisis zu tun? Nun, wenn unser Selbstbewusstsein sowieso schon angeknackst ist, weil wir zum Beispiel Probleme mit unserem Job haben, wird dieser zusätzliche »Makel« uns noch tiefer in die

Krise treiben. Im Beruf haben wir noch nichts erreicht und ein Partner – und damit eine Hochzeit in Weiß und viele blond gelockte Kinder – ist ebenfalls nicht in Sicht. Haben wir etwa auf der ganzen Linie versagt?

Langsam macht sich Torschlusspanik breit. Das erste Mal wurde mir die Bedeutung dieses Wortes mit 22 klar. Meine Freundin Karen – ja, diejenige, die aus ihrer eigenen Hochzeit ausstieg – wurde damals von ihrem Freund Martin verlassen, mit dem sie seit ihrem 16. Lebensjahr zusammen gewesen war. Neben dem üblichen Liebeskummer machte ihr dabei vor allem eines zu schaffen: »Weißt du, ich möchte unbedingt noch vor dem 30. Geburtstag mein erstes Kind bekommen. Und davor möchte ich schon etwa zwei Jahre verheiratet sein, ich will mein Eheleben noch ein wenig genießen, bevor sich dann ein Kind einstellt. Bevor ich heirate, will ich jedoch schon etwa zwei Jahre mit meinem Mann zusammengelebt haben, schließlich müssen wir wissen, ob wir auch wirklich zusammenpassen. Na ja, aber zusammenziehen würde ich mit einem Mann erst, wenn ich ihn schon einige Zeit kenne, so ungefähr zwei Jahre. Weißt du, was das heißt? Ich muss unbedingt bald jemanden treffen, denn sonst klappt das nicht mehr so, wie ich mir das vorgestellt habe!« Mir blieb erst einmal die Spucke weg: »Um Himmels willen, Mädchen«, sagte ich, »du planst jetzt schon bis 30?« Ich konnte es gar nicht fassen. Karen wollte also unbedingt in den nächsten zwei Jahren den Mann finden, mit dem sie mit 30 Kinder haben würde. Was daraus beinahe geworden wäre, habe ich bereits berichtet. Und so kann man schon mit 22 Jahren die berühmte Torschlusspanik bekommen!

Meist stellt sich diese jedoch erst später ein, etwa zu dem Zeitpunkt, wenn alle Freundinnen, Cousinen und Kolleginnen, die in etwa gleich alt sind wie wir, bereits unter der Haube oder zumindest in etwas festeren Händen sind. Plötzlich beginnen wir, an uns zu zweifeln: Warum habe ich denn niemanden? Stimmt mit mir etwas nicht? Werde ich je den Richtigen finden? Doch das ist gar nicht so leicht, wie wohl jede Single-Frau (und auch jeder Single-Mann) nur zu gut bestätigen kann. Mal ganz abgesehen davon, dass etliche Männer sowieso schon die Flucht ergreifen, wenn sie eine Frau um die 30 sehen, vor lauter Angst, diese könnte gleich nach der ersten gemeinsamen Nacht auf das Thema »Heirat« zu sprechen kommen – schließlich tickt ja ihre biologische Uhr.

Nein, wer mitten im Berufsleben steckt, hat oft schlichtweg keine Zeit, um neue Leute kennen zu lernen und Affären zu haben, aus denen sich womöglich einmal eine feste Beziehung entwickelt. Vielleicht beginnen auch aus diesem Grund rund zehn Prozent aller Beziehungen am Arbeitsplatz, so schafft man es wenigstens, sich täglich zu sehen, wenn auch nur zwischen Kopierer und Kaffeemaschine.

Je älter man wird und je mehr man zu sich selbst gefunden hat, umso schwieriger wird es, den »Richtigen« aufzuspüren. Meine Mutter geht sogar schon so weit, dass sie mich als »verschroben« bezeichnet, nur um mir zu bedeuten, ich sollte meine Ansprüche doch bitte langsam einmal ein wenig herunterschrauben. Möglicherweise hat sie nicht ganz Unrecht, andererseits sehe ich überhaupt nicht ein, warum ich mich mit halben Sachen zufrieden geben sollte. Zu viele Beispiele kenne ich aus meinem Bekanntenkreis, wo Frauen an ihrem Partner herumdoktern und versuchen, ihn so zu erziehen, wie sie ihn nun einmal gerne hätten. Das alles natürlich mit Hilfe zahlreicher Beziehungsratgeber. Warum haben sie sich dann überhaupt mit ihm eingelassen, wenn er ihnen offensichtlich so wenig passt? Wo bleibt denn da der Respekt vor dem Partner? Oder sie passen sich ganz und gar seinen Wünschen an, verleugnen sich selbst und scheinen bald gar keine eigenständige Persönlichkeit mehr zu haben. Wo bleibt denn da der Respekt vor sich selbst, wo die Selbstachtung?

Da ist mir schon die Sorte Frau lieber, die ständig auf der Suche ist und einen Kandidaten nach dem anderen ausprobiert – irgendwann wird die Chemie schon stimmen. Wie der ideale Partner sein muss, das wissen sie oft ganz genau. Vor zehn Jahren hatte ich auch noch fünf feste Kriterien, die ich auf alle potenziellen Partner anwendete. Erstens: Er sollte wie ich englische Literatur studiert haben oder zumindest wissen, wer Emily Brontë oder Jane Austen waren. Zweitens: Er sollte »Twin Peaks« für die beste TV-Serie aller Zeiten halten. Drittens: Er sollte in etwa den gleichen Musikgeschmack wie ich haben (damals Britpop und Independent – nicht auszudenken, wenn ich an einen Techno-Fan geriete!). Viertens: Er sollte mindestes ein Paar DocMartens besitzen. Fünftens: Er sollte keine Katzenallergie haben.

Mittlerweile sind zu diesen fünf Kriterien noch mindestens 95 weitere dazugekommen – kein Wunder, dass immer mehr Kandidaten ausgesiebt werden. Dabei bin ich übrigens keineswegs die Einzige, die solche Listen anlegt. In dem Song »21 Things« beschreibt Alanis Morissette, welche Anforderungen sie an einen Liebhaber stellt. Nach eigenen Angaben ist Alanis durchaus fündig geworden – vielleicht besteht also auch für mich noch Hoffnung!

Oder wir entscheiden uns für eine dritte Möglichkeit und stehen der ganzen Angelegenheit eher gelassen gegenüber. Wir denken: Irgendwann werde ich schon den passenden Mann finden. Bis dahin nehme ich das Leben, wie es kommt, und genieße meine Freiheit. Falls ich morgen der Liebe meines Lebens begegnen sollte, dann ist das gut so. Und falls nicht, dann ist das auch in Ordnung. Mit anderen Worten: Wir werden ein glücklicher Single – zumindest so lange, bis wir die biologische Uhr nicht mehr überhören können. Und damit wären wir auch schon im nächsten Kapitel.

# Der alte Konflikt: Kind oder Karriere?

Halt, da war doch was! Hast du das auch gehört? Doch, ganz bestimmt, ein deutliches »Tick, tack«. Und es wird immer lauter ... Mit Anfang 30 meldet sich bei vielen Frauen etwas zu Wort, das wir bisher immer als Mythos abgetan haben: die biologische Uhr. Frauen, die früher schon bei der bloßen Erwähnung des Wortes »Baby« genervt mit den Augen rollten, können nun plötzlich an keinem Kinderwagen mehr vorbeigehen, ohne einen verzückten Blick hineinzuwerfen. Außerdem hätten unsere Eltern ja auch so gerne ein Enkelkind! Dabei läuft im Job gerade alles so gut – und leider bedeutet die Entscheidung für ein Kind heute immer noch in den meisten Fällen die Entscheidung gegen eine Karriere.

Völlig andere Probleme haben Frauen, die jung geheiratet und Kinder bekommen haben. Sie möchten jetzt noch einmal richtig loslegen und nach Jahren des Familienlebens endlich einmal etwas für sich tun. Und das heißt heute nicht mehr Volkshochschule oder Bastelkurs, sondern Studium oder eine neue Ausbildung. Doch macht der Ehemann da mit? Der alte Konflikt »Kind oder Karriere« verstärkt bei Frauen die Probleme der Quarterlife Crisis zusätzlich. Nach einigen Jahren Berufstätigkeit müssen sie nun überlegen, ob sie bereit sind, ihr Leben erneut grundlegend zu ändern. So ist die Entscheidung für ein Kind eine weitere Entscheidung, die nur zu gerne aufgeschoben wird, bis es schon fast zu spät ist.

## Junge Mütter starten durch

Eigentlich lief in Katjas Leben alles so, wie sie es zunächst geplant hatte. Nach der mittleren Reife machte sie eine Ausbildung zur Arzthelferin – ein Beruf, der ihr viel Spaß machte. Mit 23 heiratete sie ihren langjährigen Freund Thomas, im Jahr darauf kam ihre Tochter Vanessa zur Welt, zwei Jahre später Sohn Kevin. Heute ist Katja 30, Vanessa wurde gerade eingeschult und Kevin geht halbtags in den Kindergarten. Zuerst genoss Katja die freien Vormittage. Herrlich, einmal wieder in Ruhe bummeln zu gehen, ohne ständig auf die Kinder achten zu müssen! Der Haushalt war schnell erledigt und ab und zu konnte sie sich tatsächlich einfach ein Stündchen hinsetzen und ein Buch lesen. Nur wie lange sollte das so weitergehen? Natürlich liebt Katja ihre Familie, aber soll sie ihr Leben lang – oder zumindest bis die Kinder aus dem Haus sind – nur für Mann und Nachwuchs da sein? Plötzlich hat sie das Gefühl, ihre eigenen Wünsche würden in ihrem Leben zu kurz kommen. Ging sie die ersten Jahre noch voll in ihrer Aufgabe als Ehefrau und Mutter auf, so vermisst sie nun ihre alte Arbeit: den Umgang mit den Patienten, die Plaudereien mit den Kolleginnen und das Gefühl, auch außerhalb der eigenen vier Wände etwas Sinnvolles zu tun.

Als sie eines Morgens in der Zeitung blättert, springt ihr plötzlich eine Stellenanzeige ins Auge: »HNO-Praxis sucht Arzthelferin in Teilzeit (vormittags).« Wäre das nicht genau das Richtige? Spontan beschließt Katja, sich auf die Anzeige zu bewerben – und bekommt den Job tatsächlich! »Natürlich ist mein Leben jetzt ein bisschen anstrengender als früher, denn meine Hausarbeit muss ich eben am Nachmittag erledigen. Doch zum Glück greift mir Thomas unter die Arme und erledigt zum Beispiel die Einkäufe auf dem Heimweg vom Büro. Und es macht einfach Spaß, einmal wieder ein Leben außerhalb der eigenen vier Wände zu haben und nicht immer nur an die Familie zu denken. Obwohl ich natürlich sehr darauf achte, dass die Kinder nicht zu kurz kommen.«

So wie Katja geht es vielen jungen Müttern. Nachdem sie einige Zeit für ihre Familie da waren und ihre eigenen Bedürfnisse größtenteils auf der Strecke blieben, wollen sie endlich wieder etwas für sich tun. »Ich bin doch erst 30, soll ich etwa mein restliches Leben hinter dem Herd verbringen?«, fragen sie sich und wollen ihr Leben verändern. Wir kennen dieses Verhalten von unseren eigenen Müttern. Meine suchte sich zum Beispiel eine Halbtagsstelle als Verkäuferin in einem Jeansladen, besuchte Literaturkurse an der Volkshochschule und traf sich regelmäßig mit anderen Hausfrauen und Müttern aus der Nachbarschaft zum Kaffeeklatsch.

Heute entscheiden sich viele junge Mütter nach einigen Jahren Kinderpause für eine Rückkehr in den ursprünglichen Beruf. Sie werden von der gleichen Frage umgetrieben, wie alle anderen Quarterlife-Crisis-Geplagten: Soll das schon alles gewesen sein? Im Gegensatz zu ihren Leidensgenossinnen dürfen sie ihre Entscheidung jedoch nicht alleine fällen. Zwar herrschen heute nicht mehr die gleichen Zustände wie vor 1977, als ein Mann seiner Frau noch die Berufstätigkeit untersagen durfte, dennoch will der Ehemann heute zumindest gefragt werden – und das soll er auch. (Ich gehe hier jetzt einfach einmal davon aus, dass auch tatsächlich ein Mann im Haus vorhanden ist. Mir ist die Tatsache durchaus bewusst, dass es immer mehr allein erziehende Mütter gibt, die leider meistens nicht die Wahl haben, ob sie zu Hause bei ihrem Kind bleiben oder arbeiten gehen. Hinter ihrer Rückkehr ins

Berufsleben steckt nicht die Quarterlife Crisis, sondern ein finanzieller Zwang.) Viele Ehemänner oder Partner reagieren auf den Wunsch ihrer Frau mit einem »Aber nur, wenn die Familie nicht darunter leidet« und wollen oft nicht verstehen, dass eine moderne Frau nur selten ihre Erfüllung in »Kinder, Küche und Kirche« findet. Aber was heißt das, »wenn die Familie nicht darunter leidet?« Leidet die Familie schon, wenn der Mann im Haushalt ebenfalls ein Fingerchen rühren muss, weil die Frau nun nicht mehr Vollzeit-Hausfrau ist? Leidet eine Familie, wenn das Kind ganztags statt wie bisher nur halbtags in den Kindergarten geht? Leidet eine Familie, wenn die groben Hausarbeiten von einer Putzfrau erledigt werden? Diese Fragen muss jede Familie für sich selbst beantworten, denn es ist klar, dass die Entscheidung der Frau nicht nur ihr eigenes Leben betrifft und verändert, sondern auch das ihrer Familie.

Bei Susanne (27) lief die Familienplanung nicht ganz so vorhersehbar wie bei Katja. Sie wurde schwanger, als sie im vierten Semester BWL studierte, 22 Jahre alt war sie damals. Da ihr Freund Herbert schon arbeitete und auch recht gut verdiente, beschloss sie, ihr Studium zunächst einmal auf Eis zu legen und sich ganz um Töchterchen Charlotte zu kümmern. Nach einiger Zeit fiel ihr zu Hause die Decke auf den Kopf. Sie vermisste die Zeit, als sie mit Herbert spontan ins Kino oder in die Kneipe gehen konnte und nicht schon mindestens zwei Tage im Voraus einen Babysitter organisieren musste. Und auch in anderer Hinsicht war sie frustriert: »Hausfrau und Mutter zu sein ist genauso anstrengend wie ein normaler Beruf, nur wirst du nicht dafür bezahlt. Schließlich lobt dich niemand dafür, wie toll du heute wieder gebügelt hast.« Susanne beschloss, ihr Studium wieder aufzunehmen. Charlotte kann sie im Universitätskindergarten unterbringen, und wenn sie einmal mitten im Prüfungsstress steckt, hilft zum Glück ihre Mutter aus. Pläne für die Zeit danach hat sie auch schon. »Ich möchte mit einer Freundin eine Event-Agentur gründen. Es ist so schön, plötzlich wieder Ziele zu haben, die über den nächsten Tag hinausgehen. Kindererziehung ist zwar eine sinnvolle Aufgabe, doch füllt es mich einfach nicht ganz aus.« Und Herbert? Der war zunächst skeptisch, wie so viele Männer. Mittlerweile sieht auch er die positiven Aspekte von Susannes Entscheidung. »Susi ist wieder viel lebenslustiger geworden und steckt voller Pläne und Energie. Man merkt einfach, dass sie wieder richtig glücklich ist. Und davon profitiere ja auch ich.«

Die Quarterlife Crisis kann für viele junge Mütter ein Anlass sein, ihr Leben gründlich zu ändern. »Besser eine späte Karriere als gar keine«, denken sie sich und stürzen sich voller Elan in ihren alten Beruf, eine Ausbildung, ein Studium oder zumindest in einen Teilzeitjob. Nicht selten geben junge Mütter jedoch ihrer Quarterlife Crisis nach und leiden an ihrer unbefriedigenden Situation, dennoch sind sie in der Regel zu keiner konkreten Entscheidung fähig. Bin ich nicht eine Rabenmutter, wenn ich lieber arbeite, als bei meinen Kindern zu sein? Was wird mein Mann dazu sagen, wenn nicht immer alles perfekt im Haushalt ist? Werde ich wirklich Familie und Beruf unter einen Hut bekommen und mich nicht zwischen zwei Aufgaben zerreiben? Vielleicht warte ich lieber noch ein wenig, bis die Kinder in der Schule/im Gymnasium/aus dem Haus sind. Und wenn sie nicht gestorben sind, so zögern sie noch heute.

## Die biologische Uhr tickt

Kinder kriegen ist einfach. Einfacher als das Abitur zu machen. Einfacher als einen Job zu bekommen. Einfacher als den Mann fürs Leben zu finden. Sogar 15-jährige Teenager können es. Jenny Elvers kann es auch. Kinder kriegen ist sogar so einfach, dass wir jahrelang alles daran setzen, nur ja nicht schwanger zu werden. Doch sobald wir einmal den 30. Geburtstag überschritten (man könnte auch sagen: überlebt) haben, meldet sich unsere biologische Uhr immer lauter zu Wort. Sollten wir nicht langsam an Nachwuchs denken? Was früher eine absolute Horrorvorstellung war, erscheint uns plötzlich nicht mehr ganz so Furcht erregend, ja vielleicht sogar ein wenig wünschenswert. Wäre es nicht doch ganz schön, ein kleines Baby zu haben, das einen bedingungslos liebt? Und bei H & M gibt es auch so süße Kinderklamotten!

Da klingelt plötzlich das Telefon und unsere beste Freundin ist dran: »Stell dir vor, du wirst es nicht glauben, ich bin schwanger!« Reflexartig (schließlich sind wir seit Jahren darauf trainiert) sagen wir erst einmal: »Um Gottes willen! Warte, ich komme sofort rüber und stehe dir bei!« Doch unsere Freundin hört gar nicht zu. »Ich bin ja so glücklich. Wir versuchen es schon eine ganze Weile und jetzt hat es endlich geklappt!« Wie bitte, was? Schwanger und glücklich? Immer häufiger wird es uns von nun an passieren, dass Schwangerschaften in unserem Freundeskreis keine Katastrophen mehr sind, sondern freudige Ereignisse. Und dann hören wir es plötzlich auch: »Tick, tack, tick, tack ...«

Eine Frau bekommt heute mit durchschnittlich 29 Jahren ihr erstes Kind – die Entscheidung für oder gegen ein Kind fällt also genau in unsere Quarterlife Crisis und ist damit ein weiteres Problem, das uns das Leben schwer macht und uns unsere bisherige Lebensplanung infrage stellen lässt. Vor allem ist es eine Entscheidung, deren Tragweite weit größer ist als jeder berufliche oder partnerschaftliche Entschluss. Haben wir beim Job daneben gegriffen oder entpuppt sich der vermeintliche Prinz als Frosch, so sind diese Irrtümer zwar schmerzhaft, doch können wir diese Fehlentscheidungen immerhin revidieren. Der Job wird eben gekündigt, der Mann zum Teufel geschickt – es wird sich schon ein neuer finden.

Bei einem Baby ist das anders. Haben wir uns einmal für ein Kind entschieden, so müssen wir mindestens 18 Jahre an dieser Entscheidung festhalten – egal, ob wir mit dem Ergebnis zufrieden sind oder nicht. Entspricht das Produkt nicht unseren Vorstellungen, so können wir es nicht einfach umtauschen oder gar zurückgeben. Spätestens jetzt ist es endgültig vorbei mit der Unverbindlichkeit unseres bisherigen Lebens, wir müssen Verantwortung übernehmen, und zwar nicht nur für uns selbst, sondern für ein kleines Wesen, das sich alleine in der Welt noch nicht behaupten kann. Alles, was wir von nun an tun, betrifft nicht mehr nur uns selbst, sondern immer auch unser Kind. Wir können nicht mehr von Job zu Job springen, wir brauchen nämlich Geld, um unser Kind zu versorgen. Unseren Partner schicken wir nicht gleich beim ersten großen Krach in die Wüste, denn eine Trennung würde bedeuten, dem Kind seinen Vater zu nehmen. Und wer erst einmal Mutter ist, kann sich seine Nächte endgültig nicht mehr in Clubs und verräucherten Kneipen um die Ohren schlagen. Spätestens jetzt ist der Spaß vorbei. Sobald also ein Kind da ist, werden all die Entscheidungen, die uns während der Quarterlife Crisis sowieso schon schwer fallen, noch hundert Mal komplizierter. Es ist also kein Wunder, dass die Frage »Kind – ja oder nein?« uns Frauen besonders zu schaffen macht, schließlich kann ihr Ergebnis unser ganzes Leben auf den Kopf stellen.

Meistens kommt diese Frage in der folgenden Situation auf: Wir sind in unserem Job die Karriereleiter nun schon einigermaßen weit nach oben geklettert. Mit unserem Partner sind wir auch schon lange zusammen oder sogar verheiratet. Zumindest wissen wir, dass es etwas »Ernstes« ist, nicht nur so eine Affäre, die in wenigen Wochen oder Monaten schon vorbei ist. Was spricht also gegen ein Kind, wo doch um uns herum eine Freundin nach der anderen schwanger wird? Dazu kommen noch die bohrenden Fragen unserer Mütter, die darauf brennen, endlich wieder eine Aufgabe zu haben – jetzt wo die eigenen Kinder aus dem Haus sind.

»Uschis Enkelin wird morgen eingeschult,« erzählte mir meine Mutter erst vor ein paar Tagen. »In 15 Jahren könnte Uschi schon Uroma sein«, fügte sie noch hinzu. Nun weiß ich natürlich, dass das nur scherzhaft gemeint war, denn Uroma zu sein, ist nicht unbedingt das Lebensziel meiner Mutter, aber trotzdem: Ich kann mich der Tatsache nun einmal nicht erwehren, dass immer mehr Frauen in meinem Bekanntenkreis Kinder bekommen – und ich davon noch in etwa so weit entfernt bin wie vom Nobelpreis für Literatur. Zwar bringen uns die indiskreten Nachfragen unserer Mütter und sonstiger (vornehmlich weiblicher) Verwandter kurzfristig auf die Palme, doch kommen wir davon meist auch schnell wieder runter. Schlimm wird es nur dann, wenn auch unser Partner meint, wir könnten langsam an Nachwuchs denken. Er hat gut reden, denn sein Leben ändert sich dadurch noch lange nicht so sehr wie unseres (und ich denke dabei jetzt nicht an Schwangerschaftsstreifen!).

Antje zum Beispiel ist jetzt 34, und immer wenn eine Geburtsanzeige ins Haus flattert, stellt ihr Freund Frank diese dekorativ im Wohnzimmer auf. »So lange, bis da mal unsere eigenen Kinder stehen«, sagt er augenzwinkernd und meint damit: »Wie groß muss der Zaunpfahl, mit dem ich winke, eigentlich noch sein, damit du es endlich kapierst?« Antje hingegen fühlt sich trotz ihrer 34 Jahre noch viel zu jung für Kinder. Ihr Beruf als freie Grafikerin macht ihr großen Spaß, und da es immer irgendwelche knappen Termine zu beachten gibt, kann sie ihn auch nicht so leicht mit der Kindererziehung vereinbaren. Was nun? Nachgeben und etwas tun, zu dem sie noch nicht bereit ist, oder auf ihrer Position beharren und dadurch vielleicht eine ernsthafte Beziehungskrise heraufbeschwören?

Neben dem eigenen Partner übt auch die Gesellschaft erheblichen Druck auf uns aus. An dieser Stelle muss ich etwas zugeben, das ich eigentlich lieber verschweigen würde: Als ich noch studierte und jede Menge Zeit hatte, verbrachte ich regnerische Nachmittage gerne mal mit Arabella Kiesbauer oder Bärbel Schäfer. Ich hörte mir an, welche Vorteile Körbchengröße DD mit sich bringt und versuchte Nachbarschaftsstreitigkeiten um obszöne Gartenzwerge nachzuvollziehen. Dies tat ich natürlich nur, um mich zu amüsieren und danach genüsslich über die ständig sinkende Qualität des deutschen Fernsehens zu lästern. Ab und zu wurde in diesen Talkshows auch über das Thema »Supermutti gegen Karrierefrau« diskutiert. Was mich daran aufregte, war nicht so sehr die »Diskussion« zwischen den Gästen, schließlich ist klar, dass jeder auf seinem Standpunkt beharren muss. Wesentlich mehr war ich fast schon erschrocken über die Haltung des Publikums, das seine Meinung durch Klatschen, Buhrufe und Ähnliches kundtat. Beifall gab es immer dann, wenn eine Karrierefrau als egoistisches Monster, das nur an sich denkt, dargestellt wurde. Frauen, die gar den Versuch unternahmen (und meistens blieb es bei dem Versuch), Kind und Karriere zu vereinbaren, wurden als Rabenmütter und ganz und gar verantwortungslos beschimpft – ebenfalls unter dem kräftigen Applaus des Publikums.

Nun sind solche Publikumsreaktionen ja keineswegs spontane Meinungs- oder Gefühlsäußerungen, sondern werden ebenso wie die Statements der Gäste vorher festgelegt und von so genannten »Einklatschern« gesteuert. Umso schlimmer, denn die Redaktion der jeweiligen Talkshow war offensichtlich der Meinung, Karrierefrauen seien tatsächlich egoistisch und arbeitende Mütter generell Rabenmütter. Trotz aller Emanzipation und Gleichberechtigung scheint es für eine Frau in unserer Gesellschaft immer noch zum guten Ton zu gehören, mindestens ein Kind in die Welt zu setzen. Wer sich gegen Kinder entscheidet, muss sich rechtfertigen – vor Eltern, Freunden, ja manchmal sogar vor dem eigenen Mann.

Während uns im Berufsleben alle Türen offen stehen und wir uns nicht entscheiden können, welche Richtung wir nun einschlagen sollen, ist ein möglicher Weg von der Gesellschaft nahezu vorgegeben: der Weg zur Mutterschaft. Aber trotzdem: Wenn wir uns sowieso schon in der Quarterlife Crisis befinden, an unserem Job zweifeln und uns die Frage stellen, wie wir endlich das Leben führen können, das wir auch führen wollen – stürzt uns dann die Frage, ob wir uns nicht lieber gleich ganz ins Privatleben zurückziehen sollten, nicht noch tiefer in die Krise? Und warum ist jede dritte 35-Jährige heute kinderlos, wenn Mutterschaft angeblich immer noch die Lösung ist?

Wie weit der gesellschaftliche Zwang zum Kinderkriegen geht, sieht man an der Forderung des Präsidenten des Institutes für Wirtschaftsforschung, Hans-Werner Sinn, der im Juli 2002 sogar dafür plädierte, die Rente von Kinderlosen zu halbieren. Ist schon klar, wer so egoistisch ist und dem Staat keine Kinder für die Rentensicherung schenkt, soll für sein selbstsüchtiges Verhalten bestraft werden. Dass sich kinderlose Frauen aber nicht mit 30 ins Privatleben zurückziehen, sondern bis zum Rentenalter arbeiten und daher auch viel mehr Beiträge zur Rentenversicherung zahlen (von Steuern mal ganz zu schweigen), darüber sieht Sinn offensichtlich großzügig hinweg.

Was ist in diesem Zusammenhang mit Schwulen und Lesben? Und was mit heterosexuellen Paaren, die unfreiwillig kinderlos bleiben? Muss man in Zukunft dem Rentenantrag einen Fruchtbarkeitsnachweis beilegen, damit der Staat berechnen kann, wie viel einem zusteht? Jedenfalls zeigt diese Forderung mehr als deutlich, dass in unserer Gesellschaft Kinderkriegen immer noch die Norm ist. Wer in der Quarterlife Crisis nicht weiß, ob er sich für Kind oder Karriere entscheiden soll, bekommt die Antwort im Grunde vorgegeben. Wer sich noch nicht reif für ein Kind fühlt oder sich erst einmal selbst einen Platz in der Welt erobern will, gilt fast schon als unnormal. Dadurch wird das typische Quarterlife-Crisis-Gefühl »Mit mir stimmt was nicht« zunächst einmal verstärkt.

Was hindert eine Frau aber heute daran, sich für ein Kind zu entscheiden (von offensichtlichen Gründen wie »weit und breit kein potenzieller Vater in Sicht« mal abgesehen)? Natürlich ist dies von Frau zu Frau verschieden, doch gibt es einen Grund, der immer wieder genannt wird. Obwohl uns Politiker aller Gesinnungen gebetsmühlenartig versichern, dass eine Frau heute auch mit Kindern Karriere machen könne, zeigt es sich in der Praxis, dass Kind und Karriere in der Regel eben nicht kombinierbar sind. Nach Mutterschutz und Elternzeit landen die meisten Frauen in der »Teilzeitfalle«. Sie arbeiten zwar in ihrem alten Beruf weiter, jedoch nur mit halber Kraft. Die Karriere stagniert, nach oben kommen diejenigen, die zehn und mehr Stunden am Tag für die Firma im Einsatz sind und nicht ständig Sonderurlaub beantragen, weil ihr Kind Fieber hat.

Ich kann mich noch gut daran erinnern, als ich das erste (und einzige) Mal beim Arbeitsamt zur Berufsberatung war. In der zwölften Klasse war das und wie viele Schüler in diesem Alter hatte ich nur sehr vage Vorstellungen davon, was ich einmal mit meinem Leben anfangen wollte. Ich wusste lediglich, dass es etwas mit Sprachen zu tun haben sollte, und – immerhin schon etwas – dass ich auf keinen Fall Lehrerin werden wollte. Ich dachte an Dolmetscherin oder Übersetzerin, hatte aber vor, mich auch über weitere Möglichkeiten zu informieren. So sagte ich das dem netten Berufsberater auch. Doch der war offensichtlich voll auf die gängige Linie eingefahren. »Warum wollen Sie denn nicht Lehrerin werden?«, fragte er. »Das ist unglaublich praktisch, wenn Sie später einmal Kinder haben. Da gibt es wunderbare Teilzeitmodelle und das Beste ist: Sie kommen gleichzeitig mit den Kindern nach Hause, müssen sich also keine Sorgen um die Kinderbetreuung am Nachmittag machen. Als Dolmetscherin haben Sie dagegen sehr unregelmäßige Arbeitszeiten und Sie müssen immer am Ball bleiben, da sich eine Sprache ja ständig ändert. Ein paar Jahre Pause wegen Kindererziehung sind da nicht drin.«

Nun war ich gerade mal 18 geworden und der Gedanke an Kinder war mir ungefähr so fremd wie die Vorstellung, Urlaub auf dem Mond zu machen. Ich wollte nicht meine ganze Zukunftsplanung an fiktiven Kindern festmachen, die ich eventuell irgendwann einmal bekommen würde, eventuell aber auch nicht. Das sagte ich dem Berufsberater genau so und dazu, dass ich ganz bestimmt nicht Lehrerin werden wollte, weil mir die Schüler sowieso nur auf der Nase herumtanzen würden. Doch all das half nichts. Nach einer Dreiviertelstunde war der Berufsberater von mir ungefähr so genervt wie ich von ihm und ich ging mit dem Gefühl nach Hause, kostbare Zeit verschwendet zu haben.

Das gängige Bild von einer berufstätigen Frau schien also nach wie vor »Kinder plus Teilzeitjob« zu sein. Tatsächlich bleibt vielen Frauen nach der Elternzeit oft gar nichts anderes übrig, als ihre Arbeitskraft zu reduzieren, denn in Sachen Kinderbetreuung ist Deutschland nun einmal nach wie vor ein Entwicklungsland. So wären zum Beispiel bundesweit etwa 800 000 zusätzliche Hortplätze nötig, um für eine adäquate Kinderbetreuung zu sorgen. Ein Kindergartenplatz ist in vielen Großstädten mittlerweile so schwer zu finden wie ein vierblättriges Kleeblatt. In München erhielt im Jahr 2002 etwa jedes vierte Kind keinen Kindergartenplatz – und was machen deren Mütter dann? Entweder selbst zu Hause bleiben oder einen Großteil ihres Teilzeitgehaltes für eine Tagesmutter ausgeben – so dass sie also im Wesentlichen für die Kinderbetreuung arbeiten. Kein Wunder, dass Mütter im Berufsleben kaum mehr eine Rolle spielen.

Eine Studie des Instituts für Arbeitsmarkt- und Berufsforschung hat unlängst ergeben, dass im Jahr 2000 in den alten Bundesländern nur fünf Prozent aller jungen Mütter voll berufstätig waren, weitere 18 Prozent arbeiteten Teilzeit. Die restlichen Mütter (immerhin 77 Prozent) zogen sich offensichtlich ins Privatleben zurück: Karriereziel Supermutti.

Kind und Karriere – das funktioniert offensichtlich auch im 21. Jahrhundert noch nicht, es gibt nur ein Entweder-Oder.

Kann man es einer jungen Frau, die jahrelang studiert hat, etwa verdenken, wenn sie den erlernten Beruf nun auch eine Zeit lang ausüben und endlich ihr eigenes Geld verdienen will? Tatsache ist in vielen Fällen: Sobald wir einmal Kinder haben, führen wir das Leben unserer Mütter und bewegen uns fast ausschließlich zwischen Kinderzimmer und Küche. Daran haben auch 30 Jahre Frauenbewegung so gut wie nichts geändert. Erst wenn die Kinder zur Schule gehen, können wir zum ersten Mal wieder an unseren Beruf denken – doch nach einer so langen Pause Anschluss zu finden, ist fast unmöglich. Arbeit ja, Karriere hingegen nein!

Und was ist mit den Männern? Schließlich haben unsere Kinder ja auch Väter, die genauso für ihren Nachwuchs verantwortlich sind wie die Mütter. Außerdem sind Männer heutzutage unglaublich emanzipiert und scheuen sich nicht, auch einmal den Kinderwagen durch den Park zu schieben oder sogar die Windeln zu wechseln. Doch meist hört die Hilfe da schon auf. Geht es um solche Dinge wie Elternzeit, bleibt nach wie vor in 98,5 Prozent der Fälle die Frau zu Hause. Aus meinem persönlichen Umfeld ist mir ein einziger Fall bekannt, in dem sich der Vater zu einem Babyjahr entschlossen hat, und zwar deshalb, weil seine Frau wesentlich besser verdient als er. Wenn Peter am Vormittag mit dem Kinderwagen unterwegs ist und zum Beispiel im Supermarkt einkauft, wird er ständig angesprochen und sogar bemitleidet. Ist doch ganz klar: Der Mann ist offensichtlich Witwer und muss sich nun ganz alleine um sein kleines Kind kümmern. Klärt er den jeweiligen Gesprächspartner dann auf, ist das Erstaunen nicht selten groß. Männer nehmen ihn nicht mehr für voll, Frauen reagieren dagegen ganz unterschiedlich: Etliche sind begeistert, andere verurteilen seine Frau: »Dass die das fertig bringt, ihr Kind den ganzen Tag alleine zu lassen!«

Selbst mit der Einführung der so genannten Elternzeit zu Beginn des Jahres 2001 hat sich daran nicht viel geändert. Rein theoretisch könnten Männer und Frauen nun gemeinsam mehr Zeit für die Kindererziehung in Anspruch nehmen, praktisch geschieht dies jedoch kaum. Dabei stellen uns nicht nur die Arbeitgeber der jungen Väter Hindernisse in den Weg, sondern vor allem auch das gesellschaftliche Umfeld der jungen Eltern. Nicht umsonst betitelte die Süddeutsche Zeitung am 06.03.2002 einen Artikel zu diesem Thema »Fürs Windelnwechseln hat der Junge doch nicht studiert.« Aber das Mädchen schon, oder?

Im Normalfall bleibt immer noch die Frau zu Hause beim Kind, wickelt, gibt Fläschchen, geht zum Kinderarzt, kauft ein, kocht, putzt, wäscht, bügelt. All die fortschrittlichen Männer, die schon einmal im Haushalt mit anpacken, sind plötzlich wie vom Erdboden verschluckt. Das Meinungsforschungsinstitut Allensbach hat 1999 herausgefunden, dass bereits nach der Eheschließung die Bereitschaft der Männer, im Haushalt mitzuhelfen, um die Hälfte zurückgeht. Wozu hat man denn schließlich geheiratet? Bereits vier Jahre zuvor, nämlich 1995, stellte das Bamberger Ehepaar-Panel fest, dass nach der Geburt eines Kindes nur noch jeder zehnte Mann im Haushalt hilft.

In den männlichen Köpfen scheint wohl die Meinung vorzuherrschen: »Du bist doch sowieso den ganzen Tag zu Hause, da kannst du ruhig auch den Haushalt machen.« Die Erzeuger kommen abends von der Arbeit und erleben die angenehmen Seiten des Vaterseins. Sie lesen dem Kleinen noch ein wenig vor oder spielen mit ihm – und dann ab ins Bett! Die harte Arbeit bleibt jedoch an uns hängen. Als ob es nicht schon genug wäre, dass uns die Gesellschaft und der Staat eine Kombination von Kind und Karriere unmöglich machen – selbst die eigenen Männer fallen uns in den Rücken und drängen uns in die Hausmütterchenrolle. Im September 2002 brachte die Grünen-Chefin Claudia Roth auf einer Wahlkampfveranstaltung in Augsburg unsere Wünsche auf den Punkt: »Frauen wollen nicht Kinder, Küche und Kirche – wir wollen Kinder, Karriere und andere Kerle!«

Nicht zuletzt macht uns ein weiterer Faktor die Entscheidung für ein Kind so schwer: Wir fühlen uns schlicht und einfach noch zu jung dafür. Meine Freundin Brigitte, 35 Jahre alt, drückte ihr Dilemma kurz und knapp aus: »Psychologisch fühle ich mich noch zu jung, doch biologisch bin ich schon fast zu alt.« Ganz klar, wer ein Kind hat, ist endgültig erwachsen. Nun ist es erst einmal vorbei mit der Spontaneität und selbst ein Kinobesuch muss schon am Vortag geplant werden, schließlich will ein zuverlässiger Babysitter gefunden sein. Es macht uns eben immer noch viel zu viel Spaß, im Urlaub exotische Fernreisen zu unternehmen und zumindest am Wochenende bis in die Puppen zu feiern. Und das alles sollen wir nun von einem Tag auf den anderen aufgeben? Noch schwerer fällt es uns, plötzlich Verantwortung für ein in der ersten Zeit völlig hilfloses Lebewesen zu übernehmen, und zwar 24 Stunden am Tag, mindestens 18 Jahre lang.

Wenn wir uns in der Quarterlife Crisis schon durch ein wenig Verantwortung im Job überfordert fühlen, wie sollen wir dann erst damit fertig werden, dass wir durch einen kleinen Fehler das Leben unseres Kindes vollkommen verpfuschen können? Außerdem müssen wir unser eigenes Leben zunächst einmal auf Eis legen. In einer Gesellschaft, die so viel Wert auf Individualität und Selbstverwirklichung legt, fällt es vielen Frauen ganz und gar nicht leicht, nun erst einmal für ein paar Jahre völlig hinter den Bedürfnissen ihres Kindes zurückzustecken. Viele Frauen sind dazu nicht bereit, immerhin haben sie gerade erst ihr Studium abgeschlossen und noch dazu einen Job gefunden, der ihnen Spaß macht. Endlich haben sie eigenes Geld und können sich zum ersten Mal in ihrem Leben etwas leisten. Und plötzlich sind sie schon 30 und sollen an Kinder denken?

So wie wir in der Quarterlife Crisis berufliche Entscheidungen nur zu gerne auf die lange Bank schieben und zögern, etwas an unserer Situation zu ändern, so schieben wir auch die Entscheidung für ein Kind hinaus. Ich wette, dass mit 20 Jahren die meisten von uns überzeugt waren, mit 30 schon Kinder zu haben, doch rückt der 30. Geburtstag erst einmal näher, so heißt es schnell: »Ach, ich muss erst einmal beruflich weiterkommen. Mit 35 Mutter zu werden, reicht auch. Ich habe ja noch Zeit.« Und mit 35? Schieben wir es dann auf, bis wir 40 sind?

Die Medien suggerieren uns immer wieder, wir hätten beinahe endlos Zeit, eine Familie zu gründen. Da lesen wir Geschichten von 60-jährigen Frauen, die – nach künstlicher Befruchtung zwar, aber immerhin – noch gesunde Kinder zur Welt bringen. Die Schauspielerin Geena Davis wurde mit 46 zum ersten Mal Mutter. Warum also nicht auch wir? Die harten biologischen Fakten sehen allerdings ganz anders aus, wie das »Time Magazine« im Mai 2002 berichtete: Bereits ab 25 nimmt unsere Fruchtbarkeit rapide ab. Beträgt die Chance für eine 25-Jährige, innerhalb eines Monats schwanger zu werden, noch rund 25 Prozent, so liegt sie mit 30 Jahren bereits bei nur 15 Prozent, bei einer 40-Jährigen sogar unter fünf Prozent. In die Höhe schnellt dagegen das Risiko einer Fehlgeburt. Liegt es bei einer 25-Jährigen noch bei etwa zehn Prozent, so hat es sich zehn Jahre später bereits verdoppelt und in den nächsten fünf Jahren verdoppelt es sich noch einmal. Bei einer 42-jährigen Frau weisen 90 Prozent der Eizellen chromosomische Abnormalitäten auf. Wenn eine Frau in diesem Alter noch ein Kind bekommt, so geschieht das nur in jedem zehnten Fall mit einer eigenen Eizelle. Bis eine Frau so weit ist, überhaupt an Kinder zu denken – das heißt, bis sie sich im Job einigermaßen etabliert hat und verheiratet ist –, ist es, rein biologisch gesehen, eigentlich schon fast zu spät. Wir können mit der Familiengründung also nicht ewig warten, wenn wir unser Ziel noch auf natürliche Weise erreichen wollen.

Ist das Ticken ihrer biologischen Uhr nicht mehr zu überhören – ja, droht sie sogar, alles andere zu übertönen –, so macht sich bei vielen Frauen echte Verzweiflung breit. Ein Kind muss her, und zwar schnell. Glücklich können sich all diejenigen schätzen, bei denen es auf natürliche Weise klappt, doch die Wartezimmer der Gynäkologen sind voll von Frauen, deren sehnlichster Wunsch sich nicht erfüllt. Nicht selten opfern kinderlose Paare ihre ganzen Ersparnisse für künstliche Befruchtungen, Sex wird streng nach dem Eisprung geplant und Frauen brechen weinend zusammen, wenn sie ihre Periode dann doch bekommen. Sie meinen, in ihrer weiblichen Rolle versagt zu haben und leiden nicht selten unter Depressionen. Soll uns das etwa auch passieren? Selbst wenn wir es jetzt noch nicht hören, die Uhr tickt und tickt und unsere Zeit läuft langsam ab.

In Amerika haben es kinderlose Paare etwas leichter als bei uns, dort sind die Adoptionsgesetze nämlich wesentlich lockerer. Und noch etwas haben uns die Amerikaner voraus: Auch allein stehende Frauen können dort ohne weiteres Kinder adoptieren, prominentestes Beispiel ist Schauspielerin Calista Flockhart, die Söhnchen Liam adoptierte, noch bevor sie sich mit Harrison Ford zusammentat. In Deutschland haben allein stehende Frauen, deren biologische Uhr langsam abläuft, nur eine Wahl: Ein Mann muss her. Dass es jedoch nicht ganz einfach ist, den »Richtigen« zu finden, wissen wir zur Genüge. Manche Männer geraten regelrecht in Panik angesichts einer Single-Frau, die die 30 bereits überschritten hat. Zu schrecklich ist die Vorstellung, die Frau sei nicht hinter ihrer Persönlichkeit her, sondern nur hinter ihren Körpersäften (und einem regelmäßigen Unterhaltsscheck für das Produkt ihrer kurzen Leidenschaft). »Bloß keine Samenräuberin!«, so lautet die Devise und so vergnügt man(n) sich lieber mit einer 20-Jährigen, für die Kinder ein Albtraum und noch lange kein Thema sind. Mal ganz abgesehen davon, dass Samenraub – egal, ob er nun in der Besenkammer, nach einem Discobesuch oder im Urlaub geschieht – nicht unbedingt die feine englische Art ist. Immerhin sollte ein Mann ebenfalls ein Recht darauf haben, zu bestimmen, mit wem er Kinder in die Welt setzen will), so ist es auch nicht gerade erstrebenswert, eine allein erziehende Mutter zu sein. Man will ja schließlich nicht zum Sozialfall werden!

Die biologische Uhr stellt für verheiratete wie Single-Frauen gleichermaßen ein Problem dar, das sie oft nicht ignorieren können. Und sie macht die Probleme der Quarterlife Crisis um ein Vielfaches komplizierter. In vielen Fällen hindert uns die biologische Uhr sogar daran, wichtige Entscheidungen zu fällen und zum Beispiel eine neue Ausbildung in Angriff zu nehmen, wenn uns die Quarterlife Crisis bereits an unserem bisherigen Leben zweifeln lässt. So geht es zum Beispiel Christina (25), die mit ihrem Studium unzufrieden ist und lieber etwas anderes machen würde. »In meinem Alter und mit dem halben Studium in der Tasche, wäre es blöd, jetzt noch einmal von vorne anzufangen. Vor allem als Frau, ich möchte ja auch mal Kinder haben. Und damit muss ich irgendwann in naher Zukunft anfangen, oder?« Ihrer (nach wie vor) imaginären Kinder zuliebe ist Christina also bereit, auf ihr berufliches Glück zu verzichten.

### Ein Kind als Ausweg aus der Quarterlife Crisis?

Oft hängen die Quarterlife Crisis und die Entscheidung für ein Kind eng zusammen. Nicht wenige Frauen entscheiden sich nämlich für ein Baby, um den Problemen der Quarterlife Crisis zu entfliehen. Wie das funktioniert? Nun, ob es funktioniert, ist nicht sicher, aber es geht zumindest so: Kathrin (31) ist Produktmanagerin in einem mittelgroßen Unternehmen. Vor kurzem wurde sie in eine andere Abteilung versetzt, da in ihrem ursprünglichen Arbeitsbereich Stellen abgebaut wurden. Nun macht ihr aber die neue Aufgabe bei weitem nicht so viel Spaß wie die alte. Ihren Job kündigen möchte sie bei der momentanen Arbeitsmarktlage nicht und ihre Aufstiegsmöglichkeiten sind ebenfalls ausgeschöpft. Ein idealer Nährboden für die Quarterlife Crisis. Und tatsächlich, immer häufiger denkt sich Kathrin: »Auf dieser Stelle ausharren, bis zum Sankt Nimmerleinstag? So habe ich mir das nicht vorgestellt!« Was könnte es da für einen Ausweg geben? Die Antwort liegt auf der Hand. Schließlich ist sie schon dreieinhalb Jahre mit ihrem Freund Tobias zusammen. Über Heirat und Kinder haben die beiden auch schon gesprochen. Wäre jetzt nicht der ideale Zeitpunkt für ein Baby? Sich einfach für drei Jahre aus dem Berufsleben ausklinken, nach Mutterschutz und Elternzeit sieht die Arbeitsmarktlage vielleicht schon wieder ganz anders aus.

Ein Kind als Ausweg aus einer stagnierenden Karriere? Das ist nicht unbedingt der ideale Grund, um Nachwuchs in die Welt zu setzen, aber bestimmt auch kein seltener. Ähnlich geht es Bettina (31). Vor einem Jahr zog sie von Stuttgart nach Ulm, der Liebe wegen. Mittlerweile ist sie mit Thorsten auch verheiratet. Alles würde hervorragend laufen, wenn Bettina nicht jeden Tag nach Stuttgart zur Arbeit pendeln müsste. Zweimal 70 Minuten Fahrzeit von Haustür zu Haustür – das nimmt ganz schön viel Zeit in Anspruch. Obwohl ihr die Arbeit Spaß macht und sie in ihrer jungen Ehe glücklich ist, zweifelt Bettina. »Jeden Tag sitze ich über zwei Stunden in Bussen und Zügen, das nervt. Irgendwie habe ich gar nichts mehr vom Leben. Vor 19.00 Uhr bin ich selten zu Hause, dann noch die Hausarbeit. Gelebt wird eigentlich nur am Wochenende.« Doch soll sie allen Ernstes jetzt den Job kündigen? Derzeit sieht es in Ulm in ihrem Arbeitsbereich nicht gerade rosig aus. Außerdem wollten Bettina und Thorsten sowieso einmal Kinder haben ... Wieso also nicht jetzt?

Es ist erstaunlich, aus welchen Gründen sich manche Paare entschließen, Kinder zu bekommen, und dies sind bestimmt keine Einzelfälle. Hier wird ein unschuldiges Baby hergenommen, um die beruflichen Probleme der Quarterlife Crisis oder einfache logistische Unannehmlichkeiten aus dem Weg zu schaffen. Ist es nicht von vorneherein klar, dass solch ein kleiner Wicht mit dieser Aufgabe heillos überfordert sein muss?

Auf den ersten Blick sieht alles so einfach aus: Ich habe ein Problem, das irgendwie mit meinem Beruf und meiner Karriere zusammenhängt. Kündigen will ich nicht, ich weiß nämlich nicht, was ich stattdessen tun soll und was ich überhaupt will. Also löse ich das Problem auf natürliche Weise. Wenn ich ein Kind erwarte, kann ich guten Gewissens aufhören zu arbeiten – die Gesellschaft erwartet sogar genau das von mir. Endlich habe ich eine Aufgabe, die eine Frau richtig erfüllen muss. Während der Elternzeit kann ich mir dann in Ruhe überlegen, was ich beruflich machen will. Leider denken viele Frauen genau so! Was jedoch die wenigsten hoffnungsvollen jungen Mütter wissen: Ein Baby ist anstrengender als so mancher Fulltimejob plus Pendelzeit. Anstatt in Ruhe nachdenken zu können, kreisen die Gedanken von nun an 24 Stunden am Tag um den Nachwuchs. Und die Quarterlife Crisis ist noch lange nicht überwunden, sie verschwindet nur einmal kurz unter Bergen von schmutzigen Windeln.

Zwar sind die beruflichen Probleme tatsächlich für eine gewisse Zeit aus dem Weg geräumt, solange die frisch gebackene Mutter die drei Jahre Elternzeit alleine nimmt, doch ist damit noch lange nicht alles »Friede, Freude, Eierkuchen«. Auch bei einem Wunschkind fällt vielen Frauen die Umstellung auf das »Nur-Mutter-Sein« nicht leicht. Da ist vor allem die ebenso ungewohnte wie große Verantwortung, die Mami und Papi oft gleichermaßen überfordert. Und diese Verantwortung trägt man nun einmal rund um die Uhr, und zwar sieben Tage die Woche und bezahlten Urlaub gibt es auch nicht.

Nicht auszudenken, was man da alles falsch machen kann! Gerade wer in seinem bisherigen Leben gerne ein wenig herumexperimentiert hat, mal dieses, mal jenes ausprobierte und den Job oder die Beziehung aufgab, sobald es langweilig wurde oder ein paar dunkle Wolken am Job- oder Partnerschaftshimmel aufzogen, wird sich mit einem Kind schnell überfordert fühlen. Doch hier gilt: Umtausch ausgeschlossen!

Da sich in meinem Bekanntenkreis mittlerweile einige junge Mütter tummeln, konnte ich es natürlich nicht lassen und habe meine Freundinnen befragt, was denn nun die größte Herausforderung der ersten Jahre gewesen sei. Eine häufige Antwort war: »Ich habe nicht damit gerechnet, so voll und ganz aus dem Verkehr gezogen zu sein. Sprich: abgeschnitten von seinem normalen Freizeitverhalten mit Kino, Kneipe und was sonst noch dazugehört. Selbst Dinge, für die ich mich früher immer interessiert habe, blieben auf der Strecke, weil das Baby jedes bisschen Zeit und Energie auffrisst.« Anne sagte, ihr fehlten sinnvolle Gespräche, sie würde sich nur noch mit anderen Müttern über Babynahrung, Windeln, Kinderkrankheiten und Zahnen unterhalten, ihr fehle einfach mal wieder ein wenig intellektuelle Stimulation. Und Sandra machte auf ein ganz anderes Problem aufmerksam: »In der heutigen Zeit wird uns immer eingetrichtert, dass unsere eigenen Bedürfnisse maßgeblich seien. Wir sollen uns selbst verwirklichen, sollen bestimmen, wo's langgeht. Das alles ist absoluter Mist, sobald du ein Kind hast. Auf einmal bist du nur noch die Nummer zwei in deinem Leben. Es ist völlig egal, ob du bügelst oder fernsiehst oder irgendetwas Wichtiges zu tun hast – wenn dein Kind schreit, lässt du alles stehen und liegen. Natürlich liebe ich meine Tochter und würde alles für sie tun, aber manchmal denke ich mir schon: ›He, ich bin auch noch da! Zählen meine Bedürfnisse denn gar nichts mehr?‹«

Ein Kind stellt unser Leben so grundlegend auf den Kopf wie sonst gar nichts und dafür müssen wir erst einmal bereit sein. Ein Ausweg aus beruflichen Problemen oder gar ein Klebstoff für eine kriselnde Partnerschaft ist ein Kind jedenfalls ganz bestimmt nicht.

## Probleme mit der ungewohnten Mutterrolle

Viele junge Eltern haben Schwierigkeiten, sich in ihren neuen Rollen zurechtzufinden. Zum einen sind sie nun Mami und Papi – darauf konnten sie sich ja immerhin neun Monate einstellen und sind deshalb auch einigermaßen vorbereitet. Doch auch die Beziehung zueinander ändert sich. Entschließt sich eine Frau, zu Hause beim Baby zu bleiben und ihren Beruf vorerst aufzugeben, so ist sie auch in finanzieller Hinsicht plötzlich nicht mehr unabhängig. War sie es bisher gewohnt, ihr eigenes Geld zu verdienen und uneingeschränkt darüber zu verfügen, so muss nun ihr Mann ihren Schuhtick (sofern sie diesen überhaupt noch ausleben kann) finanzieren und darf daher auch ein Wörtchen mitreden, wofür sein sauer verdientes Geld ausgegeben wird. Damit ist die junge Mutter nun nicht mehr eigenständig und unabhängig, sondern auf die Gunst ihres Mannes angewiesen.

Aber vermutlich ist sie nicht die Einzige, die sich an dieses veränderte Verhältnis zueinander gewöhnen muss. Ihr Mann ist womöglich selbst mit einer arbeitenden Mutter aufgewachsen und von dieser zur Gleichberechtigung erzogen worden (ob dies immer geklappt hat, ist eine andere Frage). Und er hat die Mutter seines eigenen Kindes als gleichberechtigte Partnerin kennen gelernt, die ihre eigene Karriere hatte und ihren Teil zur Haushaltskasse beisteuerte. Nun ist der Mann der »Versorger« und muss seine Familie alleine ernähren. Vielleicht sollte er sich also langsam mal von seinem Berufswunsch »DJ« distanzieren und darüber nachdenken, sich einen etwas sichereren Job zu suchen?

Frauen wie Männer haben nun also eine neue Rolle zu erfüllen und je nach ihrem persönlichen Entwicklungsstand kann diese Umstellung mal schwerer, mal leichter fallen.

Gerade in der Quarterlife Crisis, wenn wir sowieso das Gefühl haben, nicht zu wissen, wer wir eigentlich sind und was wir vom Leben wollen, kann uns diese Veränderung auch völlig überfordern und aus der Bahn werfen. Manchmal finden wir in der neuen Rolle auch unsere eigentliche Erfüllung. So wie Andrea (29). »Eigentlich war es schon immer mein Wunsch, Kinder zu haben und eine gute Mutter zu sein. Doch in der heutigen Zeit kann man das ja fast nicht mehr zugeben. Da muss eine Frau auf eigenen Beinen stehen, sich selbst verwirklichen und all dieses Zeug. Hausfrau und Mutter? Ist heutzutage im Grunde gar nicht mehr akzeptabel. Also habe ich erst einmal eine Lehre in einem Reisebüro gemacht. Als Klaus und ich dann geheiratet haben, wollten wir so schnell wie möglich ein Kind. Und irgendwann ein zweites. Für mich stand fest, dass ich dann ganz zu Hause bleibe, denn was wäre sinnvoller, als für meine Kinder da zu sein? Zum Glück können wir uns das finanziell leisten und so bin ich heute hauptberuflich Mutter – also genau das, was ich immer wollte.«

In der Tat ist »Hausfrau und Mutter« ein Vollzeitjob, auch wenn das die Gesellschaft (vor allem die männliche Hälfte) oft nicht zu würdigen weiß. Denn ein Neugeborenes bedeutet zuallererst einmal Stress, und zwar oft mehr Stress, als wir ihn vom Arbeitsplatz gewöhnt sind. Im Normalfall badet die Frau diese zusätzliche Belastung erst einmal alleine aus, schließlich ist sie diejenige, die sich in die Elternzeit verabschiedet hat. Tagsüber ist sie also alleine mit ihrem Kind und macht die ganze Arbeit plus Haushalt. Gerade beim ersten Kind vergrößern die Unsicherheit und die Angst, etwas falsch zu machen, diesen Stress noch. »Jetzt schreit es schon wieder – was hat es nur? Jetzt ist es so still – mal nachsehen, ob alles in Ordnung ist. Es nimmt nicht genug zu – ob ich mal zum Arzt gehen soll? Es nimmt zu viel zu – Hilfe, mein Baby wird fett! Wie kalt ist es draußen? Soll ich ihm lieber die dicke Jacke oder die dünne anziehen? Das Kind kann ja nicht sagen, ob ihm kalt ist!«

Diese und eine Million ähnliche Gedanken schießen jungen Müttern von früh bis spät durch den Kopf und niemand steht ihnen bei. Wenn Papi dann abends nach Hause kommt, freut er sich, sein Baby zu sehen, aber eine echte Hilfe ist er auch nicht, denn er ist ja von seiner Arbeit ebenfalls geschafft. Wenn das Baby nachts schreit, steht eben die Frau auf, Papi muss am nächsten Tag ja fit für den Job sein.

Noch schlimmer trifft der Stress die Mütter, die es sich nicht leisten können (oder wollen), die ersten Jahre zu Hause zu bleiben. Sie haben noch mit dem zusätzlichen Stressfaktor Job zu kämpfen. Nun alles unter einen Hut zu bringen – da herrscht oft Chaos pur.

Sabine (27) kann da nur zustimmen. »Meine Tochter Sarah ist jetzt 16 Monate alt und ich arbeite halbtags als Sekretärin in einer Firma für Baumaschinen. Sarah ist während dieser Zeit bei einer Tagesmutter. Wenn ich sie mittags abhole, gehe ich erst mal einkaufen, danach erledige ich den Haushalt, zwischendurch kümmere ich mich natürlich um die Kleine. Thorsten, mein Mann, kommt gegen 17.30 Uhr von der Arbeit. Am liebsten würde ich nach dem Abendessen gleich mit Sarah ins Bett gehen, doch da spielt mein Mann nicht mit. ›Ich bin auch noch da, du hast ja nur noch das Kind im Kopf‹, heißt es dann. Dass ich hundemüde bin und nur noch schlafen will – das will nicht in seinen Kopf. Sekretärin, Mutter, Hausfrau und Ehefrau – das ist oft einfach zu viel für mich! Irgendwie klappt zwar meist alles, doch richtig gut mache ich wahrscheinlich gar nichts. Immer muss irgendetwas zurückstehen und meistens bin ich das. Ich weiß schon gar nicht mehr, wann ich das letzte Mal etwas mit Freundinnen unternommen habe!«

Der Perfektionismus-Wahn schlägt zu. Wir wollen wieder einmal alles so gut wie möglich erledigen, aber das ginge nur, wenn die Wissenschaft endlich eine Methode erfände, mit der wir dauerhaft ohne Schlaf auskommen könnten. Kein Wunder, dass junge Mütter oft gestresster sind als jeder Manager!

Wer sich durch dieses lange Kapitel gequält hat (tapfer, tapfer, kann ich da nur sagen!), könnte nun den Eindruck gewinnen, ich hätte etwas gegen Kinder oder würde allen Frauen davon abraten, ihren Schreibtisch gegen den Wickeltisch zu tauschen. So etwas würde ich mir jedoch nie anmaßen, eine Entscheidung muss jede Frau nämlich für sich treffen. Auch wenn meine biologische Uhr noch nicht tickt und mein bisher einziges Kind ein Patenkind auf den Philippinen ist, habe ich absolut nichts gegen Frauen, die Kinder bekommen. Ich habe nur etwas gegen die Gesellschaft, die Kindererziehung nach wie vor als alleinige Aufgabe der Frauen ansieht und es ihnen unglaublich schwer macht, Familie und Karriere zu kombinieren. Außerdem erschreckt es mich, wie leichtfertig viele Menschen Kinder in die Welt setzen, ohne sich Gedanken darüber zu machen, welche Verantwortung sie damit übernehmen.

Vermutlich wird sich wohl jede Frau in ihrem Leben irgendwann einmal die Kinderfrage stellen. Und nicht selten wird das genau in der Quarterlife Crisis passieren. Die größte Unsicherheit der Frauen, wenn sie über ein Baby nachdenken – »Bin ich dafür überhaupt schon bereit?« –, lässt sich nur schwer mit einem »Ja, ganz bestimmt« aus dem Weg räumen. Nicht selten zweifeln wir in jener Phase nämlich gerade an unserem Leben und wissen nicht, welche Richtung wir einschlagen sollen. Doch im Gegensatz zu den Männern können wir manche Entscheidungen eben nicht ewig hinauszögern. Hugh Grant kann mit 42 durchaus noch erklären, dass er irgendwann vielleicht doch Kinder haben will, uns Frauen läuft hingegen langsam die Zeit davon. Es lässt sich nicht vermeiden: Wir müssen irgendwann erwachsen werden. Und genau da liegt auch schon das nächste Problem ...

# Hilfe, ich werde erwachsen!
## Ein neues Selbstbild

Die gängige Meinung ist: Mit 30 sollte man erwachsen sein. Doch ist deshalb der Spaß endgültig vorbei? Ein Begriff wie »Zukunft« betrifft auf einmal nicht mehr nur die nächsten Tage oder Wochen, sondern wir denken langsam daran, längerfristig zu planen. Selbst die Vorstellung, eine Lebensversicherung abzuschließen, scheint plötzlich gar nicht mehr so absurd. Eigentlich fühlen wir uns aber gar nicht viel anders als mit 25. Irgendwie wollen wir uns mit unserer neuen Rolle als Erwachsener noch nicht so ganz abfinden, und trotzdem: Der Zahn der Zeit macht auch vor uns nicht Halt.

Plötzlich gehen wir lieber in After-Work-Clubs, damit wir vor Mitternacht wieder schön brav zu Hause sind, anstatt die ganze Nacht durchzufeiern. Und vielleicht sollten wir doch mal ins Fitness-Studio? Mit unserer neuen Rolle als Erwachsener können wir uns oft nur schwer abfinden – und schon stürzen wir Hals über Kopf in die Quarterlife Crisis.

### Vom Ende der Kindheit:
### Ist der Spaß nun endgültig vorbei?

Ich weiß noch gut, wann ich das erste Mal mit dem »Ernst des Lebens« konfrontiert wurde. Es war am Abend vor meinem ersten Schultag. Meine neuen Schulklamotten – eine rote

Bluse und ein dunkelgrünes Kleid – lagen ordentlich gewaschen und gebügelt im Bad bereit, in meinem leuchtend gelben Scout-Schulranzen befanden sich so aufregende Dinge wie ein Lesekasten und ein Federmäppchen mit vielen bunten Stiften und meine Schultüte lag fertig gepackt auf dem Wohnzimmertisch. Als ich meinem Vater den üblichen Gutenachtkuss gab, sagte er wissend: »Ja, ja, morgen beginnt der Ernst des Lebens.« Der Ernst des Lebens – das klang damals ziemlich beunruhigend. Was würde am nächsten Tag passieren? War mein sorgloses Leben nun etwa vorbei?

Im Nachhinein war natürlich alles halb so schlimm. Die einzige Aufgabe, die ich an jenem Tag zu erfüllen hatte, war ein Bild von mir mit Schultüte zu malen. Was sollte daran bitte so ernst sein? Auch die folgenden Tage und Wochen stellten kein großes Problem für mich dar, schließlich konnte ich schon lesen, seit ich vier war. Die Grundschule war für mich nicht viel anders als der Kindergarten. Sicher, man musste regelmäßig hingehen und Hausaufgaben machen, aber irgendwie war es immer noch ein Kinderspiel.

Das nächste Mal erwartete ich den »Ernst des Lebens«, als ich aufs Gymnasium wechselte. Fast jede Stunde ein anderer Lehrer, geheimnisvolle Fächer wie Englisch, Biologie oder Erdkunde – sicherlich war der Spaß jetzt endgültig vorbei, oder?

Auch mit dieser Umstellung hatte ich jedoch keine Probleme und meisterte sämtliche schulischen Hürden ohne nennenswerte Schwierigkeiten und ohne großen Arbeitsaufwand. Weit mehr als Logarithmen, if-Sätze und die Fotosynthese machten mir während meiner Gymnasiumszeit ganz andere Dinge zu schaffen. In meiner Klasse – einem neusprachlichen Zweig, daher 20 Mädchen und vier Jungen – gab es doch tatsächlich eine Gruppe von Mädchen, die der Meinung waren, sie könnten mich wie Luft behandeln, nur weil auf meinem Sweatshirt nicht »Benetton« oder »Esprit« stand, sondern gar nichts. Luft für sie war ich immer dann, wenn sie gerade nicht meine Hausaufgaben abschreiben wollten.

War das etwa der Ernst des Lebens? So einen Ernst konnte ich wiederum nicht ernst nehmen und so wartete ich weiterhin auf diese ominöse Spaßbremse. Ich begann zu studieren, aber statt Ernst war noch mehr Spaß angesagt. Vorlesungen vor 12.00 Uhr mittags wurden gar nicht erst belegt und ich konnte ohne schlechtes Gewissen den ganzen Tag fernsehen – schließlich studierte ich ja Kommunikationswissenschaft. Vom Ernst des Lebens keine Spur! Als ich dann zu arbeiten begann, änderte sich an meiner Lebensweise zunächst nicht viel. Als Freiberuflerin kann ich mir meine Arbeitszeit nun einmal frei einteilen und, wenn es sein muss, auch nächtelang durcharbeiten und tagsüber schlafen. Ich kann vormittags um 10.00 Uhr zu H & M gehen und muss nicht eine halbe Stunde auf eine freie Umkleidekabine warten. Ich kann mir selbst Urlaub geben und sechs Wochen am Stück verreisen (zumindest solange mein Geldbeutel kein Veto einlegt). Und ich habe keinen Chef, dessen Launen ich zu ertragen habe.

Dennoch: Wenn ich so über mein Leben nachdenke, bin ich mir nicht ganz sicher, ob sich der Ernst des Lebens nicht doch hinter meinem Rücken eingeschlichen hat. Meine Freizeitaktivitäten finden nun größtenteils am Wochenende statt. Unter der Woche versuche ich wenigstens, geregelte Arbeitszeiten einzuhalten. Ich besuche meine Eltern nicht nur aus reinem Pflichtgefühl, sondern gerne. Gleichaltrige siezen mich nun meistens. Und ich habe eine Lebensversicherung.

Was ist passiert? Bin ich etwa klammheimlich erwachsen geworden?

Doch ab wann ist man eigentlich erwachsen? Nach der ersten Zigarette? Nach dem ersten Vollrausch? Nach dem ersten Sex? Nach der bestandenen Führerscheinprüfung? Nach dem ersten Arbeitstag?

Die offizielle Antwort auf diese Frage lautet schlicht: ab dem 18. Geburtstag. Meine Freundin Angelika konnte ihren damals kaum erwarten. »Wenn ich 18 bin, bleibe ich so lange weg, wie ich will, und erzähle niemandem, wo ich hingehe. Endlich bin ich frei!«, kündigte sie damals an. Trotzdem können wir vor Gericht noch bis zum 21. Geburtstag nach Jugendstrafrecht verurteilt werden. Offensichtlich sind wir also doch noch nicht ganz erwachsen oder zumindest nicht ganz zurechnungsfähig. Und wer sagt überhaupt, dass wir am Tag nach dem 21. Geburtstag plötzlich zurechnungsfähiger sind als zwei Tage zuvor? Nein, an einem Datum kann man das Gefühl des Erwachsenseins wohl kaum festmachen. Auf die Frage »Was ist ein Erwachsener?« kennen wir lange Zeit nur eine Antwort: »Wir jedenfalls nicht!« Erwachsene – das sind unsere Eltern, unsere Dozenten, unser Chef und ältere Kollegen, mit anderen Worten: Menschen, mit denen wir nichts gemeinsam haben wollen.

Nach außen hin scheinen wir jedoch zumindest erwachsen. Wir leben zwar nur in einer WG oder einem engen Ein- oder Zwei-Zimmer-Appartement, aber wenigstens nicht mehr bei unseren Eltern. Wir sind zwar nicht reich, doch müssen wir nicht ständig unsere Eltern um einen kleinen Zuschuss anbetteln. Wir haben zwar keine steile Karriere hingelegt, aber immerhin einen Job. Keinen festen Partner, aber genug Freunde und Bekannte, so dass wir uns nicht einsam fühlen müssen. Schon während unserer Pubertät hörten wir immer wieder, dass wir Mädchen unseren männlichen Klassenkameraden um zwei Jahre voraus seien. Das scheint sich bis heute kaum geändert zu haben, denn Frauen werden früher selbstständig. Das Deutsche Jugendinstitut fand heraus, dass von den 20- bis 24-Jährigen, die Anfang der 90er-Jahre noch bei ihren Eltern lebten, 60 Prozent Männer waren, bei den 30-jährigen Nesthockern und Muttersöhnchen kamen die Herren der Schöpfung gar auf einen Anteil von 76 Prozent. Gut, nach außen hin sind wir immerhin erwachsen, Frauen sogar ein wenig mehr als Männer. Aber in unserem Innern sieht es anders aus. Verantwortung übernehmen? Nein danke! An die Zukunft denken? Nicht weiter als ein halbes Jahr! Heiraten und Kinder? Irgendwann einmal, wir haben ja noch Zeit!

Anfang der 90er-Jahre lagen junge Frauen, die nicht richtig erwachsen werden wollten, voll im Trend und wurden als »Girlie« bezeichnet. Ich habe mich dieser Bewegung nie zugerechnet, da ich diesen Ausdruck schon damals ziemlich herablassend fand (welcher junge Mann würde es denn gerne hören, wenn man ihn »Boylie« nennen würde?). Jedenfalls zeigte ein Girlie auch äußerlich, dass es noch lange nicht erwachsen war. Die Haare wurden zu Zöpfchen geflochten oder mit bonbonfarbenen Spangen verziert, die Beine steckten in Strumpfhosen mit Ringelmuster. Ein Girlie war eine Art moderne Pippi Langstrumpf, frei nach dem Motto: »Ich mach mir die Welt, wie sie mir gefällt.«

Girlie der Nation war damals VIVA- und Bravo-TV-Moderatorin Heike Makatsch, doch auch sie ist mittlerweile erwachsen geworden und macht als Schauspielerin Karriere. Im Interview mit »Joy« antwortete sie im Oktober 2002 auf die

Frage »Du bist letztes Jahr 30 geworden. Wie war's?« mit folgenden Sätzen: »Ich habe lange vorher angefangen zu sagen ›Ich bin schon fast 30‹. Nun merke ich manchmal, dass ich denke ›Jetzt bin ich bereits auf dem Weg zur 40‹. Aber das ist auch etwas, das einen antreibt, sich damit auseinander zu setzen, Wichtigkeiten und Prioritäten im Leben zu verteilen. Mit 15 habe ich gedacht, mit 30 bin ich in keinster Weise mehr, was ich mal war. Aber irgendwie fühle ich mich gar nicht so schrecklich doll anders, außer dass es besser ist, als es mit 15 war.« Na bitte, es wird also besser! Warum wollen wir dann trotzdem nicht erwachsen werden?

In der Quarterlife Crisis kreisen unsere Gedanken besonders häufig um das Erwachsenwerden oder Erwachsensein. Wir wissen, dass wir mit Ende 20 ganz bestimmt keine Kinder mehr sind, doch sind wir deshalb schon erwachsen? Wir haben kein Reihenhaus, keinen Partner, keine Kinder und keinerlei konkrete Zukunftsvorstellungen. Alles, was wir haben, ist ein Job, mit dem wir mal mehr, mal weniger zufrieden sind. Sollten wir in unserem Alter jedoch nicht schon viel weiter sein? Sollten wir nicht endlich ein geregeltes Leben führen? Ganz klar, auf dem Papier sind wir längst erwachsen, doch in uns drin sieht die Sache ganz anders aus. Wir fühlen uns immer noch zu jung für eine Ehe oder eine Familie. Wir probieren immer noch gerne mal den einen, mal den anderen Job aus. Wir sind immer noch der Meinung, wir bräuchten keine Eigentumswohnung, denn wer weiß. Vielleicht wollen wir morgen schon alle unsere Zelte abbrechen und erst einmal um die Welt ziehen?

So wie die Midlife Crisis ein letztes Aufbegehren gegen das Altwerden ist, ist die Quarterlife Crisis ein letzter Versuch, das Erwachsenwerden hinauszuschieben. Wir legen uns auf nichts fest, versuchen uns alle Möglichkeiten offen zu halten und wollen nur eines nicht: so werden wie unsere Eltern.

Unsere Eltern führen nämlich ein geregeltes Leben. Solange wir uns erinnern können, arbeiten sie im selben Job in derselben Firma. Schön brav zahlen sie monatlich den Kredit ab, den sie vor 25 Jahren aufgenommen haben, um ein Reihenhaus zu kaufen. Abends sitzen sie meist vor dem Fernseher oder treffen ab und zu Freunde. Ihren Urlaub verbringen sie seit Jahren im selben Hotel auf Sardinien und wenn es einmal woanders hingeht, buchen sie eine Pauschalreise. Ob und wie oft sie Sex haben, wissen wir nicht und, wenn wir ehrlich sind, wollen wir uns das lieber auch gar nicht vorstellen. Kurz gesagt: Unsere Eltern haben keinen Spaß mehr. Aber genau das wollen wir: Spaß. Und unsere so genannte Spaßgesellschaft (es heißt zwar, sie sei am 11. September 2001 schlagartig zu Ende gegangen, dabei röchelt sie noch leise vor sich hin) fordert uns genau dazu auf. Stefan Raab ist auch schon über 30 und genauso wenig erwachsen wie wir. Jürgen Drews hat die 50 längst hinter sich gelassen, wie ein Erwachsener benimmt er sich trotzdem nicht. Jeder darf heute seinen Spaß haben, sogar die FDP, warum also nicht auch wir?

Die Angst vor dem Erwachsenwerden geht einher mit der Angst, der Spaß sei nun endgültig vorbei und der legendäre Ernst des Lebens beginne nun. In der Tat sieht es zunächst auch so aus, als könnten wir ab einem gewissen Alter keinen Spaß mehr haben. Ein verantwortungsvoller Job (sofern wir zu den Glückspilzen gehören, die einen solchen gefunden haben) erfordert nun mal unsere volle geistige Aufmerksamkeit. Wer im wichtigen Business-Meeting mit dem Kopf immer noch bei der vergangenen Disco-Nacht ist und mit dem restlichen Körper lieber im Bett wäre, macht leider nur selten Karriere. Wer beruflichen Erfolg haben will, muss den Spaß für eine gewisse Zeit erst einmal vergessen. Dasselbe gilt für junge Familien. Wer nachts vom Geschrei seines Babys wach gehalten wird, träumt nur selten von einer durchtanzten Disco-Nacht, sondern sehnt sich nach einem ruhigen Abend zu Hause, vielleicht vor dem Fernseher, aber bitte ohne Unterbrechungen.

Sind das nicht die ersten Anzeichen dafür, dass wir erwachsen, wenn nicht sogar schon alt sind? Vor lauter Angst, der Spaß könnte nun endgültig vorbei sein, übersehen wir, dass man nicht automatisch spießig und langweilig wird, nur weil man nicht mehr bis in die Puppen ausgeht. Auch deshalb sind wir in der Quarterlife Crisis unzufrieden. Unser Berufsleben erfüllt uns nicht – sei es, weil wir unterfordert sind oder weil wir plötzlich das Gefühl haben, nur noch für die Arbeit zu leben. Auf jeden Fall macht der Job keinen Spaß. Doch zum Ausgleich haben wir nichts. Unsere Freunde haben wir nach dem Universitätsabschluss aus den Augen verloren, ein Partner ist weit und breit nicht in Sicht und Hobbys? Dafür bleibt uns keine Zeit mehr. Kurz: Irgendwo ist der Spaß auf der Strecke geblieben. Unser Leben fühlt sich leer an und wir wollen etwas ändern, den Spaß wieder zurückbringen, doch wie sollen wir das nur anstellen? Schon stecken wir wieder mittendrin in unserer Quarterlife Crisis und schieben das Erwachsenwerden lieber noch ein Weilchen auf.

Aber mal ehrlich: Ist es nicht auch ganz schön, erwachsen zu sein? Plötzlich merken wir nämlich, dass wir irgendwann im Laufe der Jahre eine eigenständige Persönlichkeit geworden sind. Wir müssen uns nicht mehr »Esprit« oder »Benetton« quer über unseren Brustkorb schreiben, nur um jemand zu sein. Wir müssen unsere Hosen nicht bis in die Kniekehlen hängen lassen, um Freunde zu finden. Der Gruppenzwang lässt endlich nach, nun geht es darum, den eigenen Stil zu finden. Individualität und Persönlichkeit sind angesagt, nicht Massenware und Teenager-Uniformen. Auch unsere Freunde lassen uns nicht mehr einfach so im Stich, nur weil wir klamottenmäßig einmal daneben gelangt haben. Noch besser: Jüngere Cousinen, Nichten und Neffen stürzen sich plötzlich auf unsere Plattensammlung: »Mensch, du hast ja lauter tolle Sachen! Duran Duran! a-ha! Original aus den 80er-Jahren!« Wir sind plötzlich hip, ohne groß etwas dafür zu tun! (Der einzige Nachteil: Wir müssen unseren Cousinen die heiß begehrten Platten erst umständlich auf CD brennen, denn sie haben natürlich keinen Plattenspieler mehr!). Und am allerbesten, vor allem für Frauen: Mit 30 sind wir sexuell voll auf der Höhe, wir können uns nun also richtig austoben und Spaß haben!

Also: Erwachsenwerden ist doch gar nicht so schlimm. Oder wollen wir ernsthaft als Berufsjugendliche à la Bryan Adams enden, der mit 37 noch bekräftigte »I'm 18 til I die«? Außerdem heißt Erwachsenwerden noch lange nicht automatisch Altwerden, ganz im Gegenteil. Wir sind jetzt zwar alt genug, um zu wissen, was man lieber nicht tun sollte, aber immer noch jung genug, um es trotzdem zu tun. Mit anderen Worten: Wir wissen, dass nach dem zweiten Glas Wein Schluss sein sollte, und trinken trotzdem die ganze Flasche. Wir wissen auch, dass 200 Euro für ein Paar Schuhe reichlich viel sind, und kaufen sie trotzdem. Nicht zuletzt wissen wir, dass der umwerfend gut aussehende Typ aus der Disco wohl kaum unser Mann fürs Leben ist, trotzdem nehmen wir ihn mit nach Hause. Wir können immer noch kindisch sein – ja, wir können jetzt sogar ganz bewusst kindisch sein. Erleben wir Dinge, die wir bewusst machen, nicht ohnehin viel intensiver? Die Angst vor dem Erwachsenwerden, die die Quarterlife Crisis mit sich bringt, ist also größtenteils unbegründet. Wir werden nicht plötzlich ein völlig anderer Mensch, nur weil auf einmal eine »3« an erster Stelle unserer Altersangabe steht. Spaß können wir durchaus immer noch haben, selbst wenn uns plötzlich andere Dinge Spaß machen. Dennoch haben wir in der Quarterlife Crisis Probleme mit unserem neuen Selbstbild als Erwachsene, weil es nämlich zwei erwachsene Menschen in unserem Leben gibt, mit denen wir auch jetzt nichts gemeinsam haben wollen: unsere Eltern.

### Die Eltern: vom Feind zum Freund

Es ist schon irgendwie komisch. Einerseits wollen wir nicht erwachsen werden, andererseits wollen wir nicht mehr wie kleine Kinder behandelt werden. Und es gibt doch tatsächlich zwei Menschen in unserem Leben, die sich dies beim besten Willen nicht abgewöhnen können: unsere Eltern. »Kind!«, schallt mir immer die entsetzte Stimme meiner Mutter aus dem Telefonhörer entgegen, wenn ich etwas getan habe, das ich ihrer Meinung nach nicht hätte tun sollen. Ich mag zwar 31 Jahre alt sein, für meine Mutter bin ich jedoch immer noch das Kind. Mein Vater ist da nicht anders. Ab und zu meint er auch heute noch, mir sagen zu müssen, wie ich meine Arbeit tun soll, obwohl er davon ungefähr so viel Ahnung hat wie davon, wer gerade an Nummer eins der Charts steht. Manche Eltern lernen es eben nie. Wir können noch so erwachsen sein, für sie bleiben wir auf ewig ein kleines Kind.

Wenn wir mal ganz ehrlich sind, spielen wir da nicht selbst ein bisschen mit? Es ist doch ab und zu auch ganz schön, mal bei den Eltern vorbeizuschauen und sich von vorne bis hinten bedienen zu lassen. Das Lieblingsgericht zu essen und anschließend den von Mama selbst gebackenen Kuchen mit nach Hause zu nehmen. Wenn sich unsere Eltern zu Besuch angekündigt haben, lassen wir schnell die Schachtel mit der Pille oder die Kondome in den Tiefen unseres Badezimmerschrankes verschwinden, entsorgen all diejenigen Lebensmittel, die uns in unserem Kühlschrank schon fast entgegenkrabbeln kommen, und legen zur Abwechslung mal ein Tischtuch (unser einziges) auf den Küchentisch. Obwohl wir längst unser eigenes Leben führen, wollen wir unseren Eltern immer noch gefallen.

Und da liegt auch schon ein weiteres Problem der Quarterlife Crisis. Unsere Situation ist nämlich folgendermaßen: Wir stecken mit Ende 20 immer noch in einem Job, der karrieretechnisch gesehen eine Sackgasse ist, sind nicht verheiratet und auch an Nachwuchs und damit an die von unseren Eltern heiß ersehnten Enkelkinder ist noch überhaupt nicht zu denken. Nun gehören unsere Eltern zum Glück nicht zu der Sorte Mensch, die schon bei unserer Geburt verkündete: »Die Kleine wird mal Rechtsanwältin«, »Der Bub übernimmt mal meine Arztpraxis« oder »Hurra, meine Altersvorsorge ist gesichert«. Nein, wir hatten das Glück, dass unsere Eltern uns immer frei entscheiden ließen, was wir tun wollten, und sich nicht groß in unser Leben einmischten. Trotzdem haben wir das Gefühl, unsere Eltern hätten sich mehr von uns erhofft, selbst wenn sie das offen nie so sagen würden. Doch die Bemerkungen, die sie am Telefon abgeben, verraten einiges: »Deine Schulfreundin Annette eröffnet nächste Woche ihre Kanzlei, ist das nicht toll?« oder: »Rate mal, wen ich gestern getroffen habe? Frau Hinterhuber. Der Markus hat sie und ihren Mann gerade zu einem Urlaub nach Kreta eingeladen. Ist das nicht wunderbar?« Meine Mutter zum Beispiel liest mir immer die Heiratsanzeigen vor. »War der nicht auch bei dir in der Klasse?«, fragt sie dann. Ich weiß, dass sie das nur macht, um mich auf dem Laufenden zu halten und sich auch ein bisschen über die traditionelle Mutterrolle lustig zu machen, trotzdem beschleicht mich dabei ein leicht unruhiges Gefühl. Hätte sie vielleicht lieber eine andere Tochter? Eine, die verheiratet ist, einen Kinderwagen zu ihrer Anwaltskanzlei schiebt und ihre Eltern nach Kreta einlädt? Vor allem wenn wir selbst schon an unserem bisherigen Lebenslauf zweifeln, können uns die Erwartungen der Eltern noch weiter unter Druck setzen.

Michaela ist da so ein Beispiel. Sie ist jetzt 26 Jahre alt und hat nach dem Abitur eine Banklehre gemacht, jetzt ist ihr plötzlich nach mehr. »Irgendwie ist es doch nicht das Richtige. Mein ganzes Leben lang Überweisungen entgegennehmen und Geld ausbezahlen? Ich weiß nicht. Das Finanzwesen interessiert mich schon, aber ich möchte gerne höher hinaus. Dafür bräuchte ich allerdings ein BWL-Studium. Ich glaube, meine Eltern flippen aus, wenn sie mich jetzt wieder finanziell unterstützen müssen. Sicher, ich kann neben dem Studium jobben, das reicht jedoch nicht ganz und wieder zu Hause einziehen möchte ich ganz sicher nicht. Ich traue mich gar nicht, meine Eltern zu fragen. Die sagen bestimmt, ich sei schon zu alt, um noch mal ein Studium anzufangen.« Statt die Konfrontation mit den Eltern zu wagen und diese unter Umständen zu enttäuschen, verharrt Michaela lieber in ihrem

Beruf. Es wird sich schon noch etwas ergeben – oder eben auch nicht!

Oft haben wir erhebliche Schuldgefühle, weil wir die Erwartungen unserer Eltern nicht erfüllen oder nicht zu erfüllen glauben. Wir meinen, ihnen endlich etwas zurückgeben zu müssen, schließlich haben sie uns zwanzig und mehr Jahre lang durchgefüttert und waren immer für uns da, wenn wir sie brauchten. Sollten wir da nicht lieber dankbar sein, anstatt sie ständig mit neuen Eskapaden zu überraschen?

Diese Schuldgefühle verstärken das Krisengefühl der Quarterlife Crisis noch. Schließlich genügt unser Leben in der Quarterlife Crisis nicht einmal unseren eigenen Ansprüchen – wie soll es da erst den hohen Erwartungen unserer Eltern gerecht werden? Doch oft sind unsere Eltern gar nicht die Monster, für die wir sie halten und die uns bei der kleinsten Enttäuschung sofort enterben und verstoßen.

Diese Erfahrung machte auch Michaela, die sich schließlich doch zu einem Gespräch mit den Eltern durchrang und ihnen gestand, dass sie nun studieren wolle. »Entzückt waren sie natürlich nicht gerade. ›Hast du dir das auch gut überlegt?‹, war die erste Frage. Wir haben sehr lange miteinander geredet und es war ein richtig gutes Gespräch, weil ich das Gefühl hatte, sie hörten mir wirklich zu und versuchten nicht, mir ihre Meinung aufzudrängen. Am Ende haben wir einen Kompromiss gefunden, mit dem alle leben können. Ich werde mein Studium zwar größtenteils selbst finanzieren, aber einen Zuschuss bekomme ich. Dafür habe ich meinen Eltern im Gegenzug versprochen, das Ganze so schnell wie möglich durchzuziehen. ›Letzten Endes geht es darum, dass du glücklich bist‹, haben sie gesagt und das hat mich wirklich überrascht.«

Es ist kein Wunder, dass wir für unsere Eltern immer Kind bleiben, schließlich sind wir das auch: ihr Kind. Trotzdem wird sich die Beziehung zu ihnen im Laufe der Zeit verändern, vor allem wenn wir räumliche Distanz zwischen sie und uns bringen. Ich habe das zum ersten Mal gemerkt, als ich für ein Jahr zum Studium nach Schottland ging. Meine Mutter machte damals gerade eine schwierige Zeit durch, wollte wieder ins Berufsleben einsteigen und entfremdete sich zunehmend von meinem Vater. Manchmal wurde ich richtig sauer auf sie. Job und Beziehungskrise – sollte nicht eigentlich ich diese Probleme haben? Lebte meine Mutter da etwa mein Leben? Bei mir plätscherte dagegen alles so vor sich hin, das Leben war ein langer ruhiger Fluss. Trotzdem freute es mich, dass meine Mutter mir in Briefen und am Telefon so ausführlich von ihren Schwierigkeiten erzählte. Plötzlich war ich eben nicht mehr das kleine Mädchen, sondern ein gleichberechtigter Gesprächspartner, der in manchen Dingen sogar mehr Erfahrung hatte als sie.

Im Gegensatz zu früher können wir als Erwachsene auch frei wählen, an welchen Bereichen unseres Lebens unsere Eltern teilhaben dürfen. Wenn wir nicht gerade auf dem Dorf oder neben der besten Freundin unserer Mutter wohnen, bekommen sie nicht mit, wie viele Männer bei uns ein und aus gehen. Wenn wir nicht wollen, dass unser Vater sich aufregt, weil wir mit 29 immer noch als Kartenverkäufer im Kino jobben, so sagen wir eben, wir wären im Medienbereich tätig oder noch besser: beim Film. Kommen unsere kleinen Notlügen oder Unterschlagungen dann doch ans Tageslicht, so müssen wir zu unserer großen Überraschung nicht selten feststellen, dass sie keineswegs zu den erwarteten Schreikrämpfen, Moralpredigten und Herzinfarkten führen. Nein, selbst wenn sich unsere Eltern gelegentlich um uns sorgen, akzeptieren sie, dass wir unser eigenes Leben führen und eigene Erfahrungen machen müssen, auch wenn diese manchmal schmerzhaft sind, mit anderen Worten: dass wir nun erwachsen sind. Warum akzeptieren wir selbst das nicht auch endlich?

## Zeit für die Altersvorsorge: der Druck der Gesellschaft

Ab einem gewissen Alter sind nicht nur unsere Eltern, sondern auch die Gesellschaft voll davon überzeugt, dass wir nun endlich erwachsen sind. Ob das nun der Versicherungsvertreter ist, der alle zwei Wochen die frohe Botschaft durchs Telefon verkündet, er habe nun garantiert eine passende Altersvorsorge für uns gefunden, oder unser Autohaus, das uns auf einmal regelmäßig Angebote für Familienkutschen zuschickt. Mit 30 sollte man sein Leben im Griff haben, das ist die gängige Meinung. Mit 30 sollte man langsam an seine Zukunft denken, die eben nicht nur die nächsten Wochen oder Monate umfasst, sondern die nächsten 30 bis 35 Jahre, bis zur Rente. Dabei sind wir irgendwie noch nicht so weit, noch gefällt uns nämlich unser unstetes Leben, das zwar wenig Sicherheit bietet, dafür aber auch viel Abwechslung und Raum für spontane Abenteuer lässt.

Je näher wir auf die 30 zugehen, umso häufiger sind wir in der Lage, uns für diesen unkonventionellen Lebensstil rechtfertigen zu müssen. Was mit 24 noch völlig akzeptabel war, gilt nun als exzentrisch. »Du musst dich endlich dem wahren Leben stellen, du kannst nicht immer nur davonlaufen,« bekommen wir immer wieder zu hören – und das nicht allein von den Eltern, sondern auch von Freunden, die die Kurve zu Karriere, Partner und Kind schon gekriegt haben. Wir können nicht länger voller Stolz verkünden: »Ich bin Fahrradkurier und verdiene endlich mein eigenes Geld«, sondern müssen nun einen erklärenden Zusatz abgeben: »Ich jobbe momentan als Fahrradkurier, bis ich eine feste Stelle gefunden habe.« Nicht mehr »Ich habe ein Zimmer in einer netten WG, endlich stehe ich auf eigenen Beinen«, sondern: »Zurzeit wohne ich noch in einer WG, das ist die billigste Lösung. Aber sobald ich einen festen Job habe, suche ich mir natürlich eine eigene Wohnung.« Irgendetwas drängt uns dazu, unseren Lebensstil zu verteidigen, obwohl er uns ganz gut gefällt und wir auch niemandem zur Last fallen. Wir sollten eigentlich ein anderes, ein erwachsenes Leben führen, so meldet sich unser schlechtes Gewissen eindringlich zu Wort.

Auch hier verschlimmern Schuldgefühle die Probleme der Quarterlife Crisis oder lassen uns überhaupt erst in die Krise fallen. Zwar führen wir ein Leben, das uns im Grunde behagt, doch alle anderen scheinen etwas dagegen zu haben. Die ominösen anderen – Eltern, Freunde, die Gesellschaft – sind in der Mehrzahl, also muss mit mir etwas nicht in Ordnung sein, oder?

Tatsächlich ist in der Zeit zwischen 25 und 30 der Konflikt zwischen unseren eigenen Gefühlen und den Erwartungen der »anderen« am größten. Da stehen auf der einen Seite wir, die verwirrten Mitt- bis Endzwanziger. Wir haben entweder noch keinen »vernünftigen« Job oder sind mit der Arbeit, die wir haben, nicht zufrieden, über- oder unterfordert. Von Heirat und Kindern sind wir ungefähr so weit entfernt wie von unserer zweiten Million. Das beunruhigt uns mal mehr, mal weniger. Einerseits haben wir das Gefühl, alle anderen seien schon viel weiter als wir und wir hätten irgendwie versagt. Andererseits fühlen wir uns noch gar nicht erwachsen, wollen eigentlich nie zu Menschen werden, die nur ihre Karriere im Kopf haben und abends um zehn todmüde ins Bett fallen. Wir wollen unser Leben noch ein wenig genießen, bevor wir es dann ruhiger angehen lassen – so mit 35, 40, bloß jetzt noch nicht! Auf der anderen Seite stehen eben die »anderen«: Sie halten uns für erwachsen und wollen, dass wir Verantwortung übernehmen – für unseren Beruf, für einen Partner, für Kinder. Wir sollen nicht mehr nur an uns selbst denken, sondern dem Staat langsam einmal ein paar Kinder schenken, damit die Renten gesichert werden. Und unser sauer verdientes Geld ist in Bausparverträgen, Lebensversicherungen und Fonds doch wirklich besser angelegt als in Tequilas, Wochenendtrips und Schuhen.

Zwischen diesen beiden Lebensentwürfen fühlen wir uns hin und her gerissen, unsere eigenen Wünsche und Gefühle widersprechen den Erwartungen der »anderen« erheblich. Alle halten uns für erwachsen, das Problem ist nur, dass wir selbst uns noch ganz und gar nicht so fühlen. Aber denken wir doch einmal an die Leute, denen wir im täglichen Leben so begegnen. Da ist die Verkäuferin in der Bäckerei, ungefähr Ende 20. Im weißen Kittel steht sie jeden Morgen da und verkauft uns Brötchen. Sicher eine erwachsene Frau, oder? Oder der junge Bankangestellte, auch nicht älter als wir. Jeden Tag in Anzug und Krawatte, der muss doch einfach erwachsen sein! Und die neue Ärztin gleich um die Ecke ist ebenfalls kaum 30, oder? Dabei hat sie schon so einen verantwortungsvollen Job! Aber wissen wir, wie es in der Bäckereiverkäuferin, in der Ärztin oder im Bankangestellten wirklich aussieht? Wahrscheinlich hadern sie ganz genauso mit ihrer Quarterlife

Crisis wie wir. Die Bäckereiverkäuferin ist frustriert, weil sie garantiert nicht ihr ganzes Leben nur Brötchen verkaufen möchte. Der Bankangestellte hat das Gefühl, er müsse sich jeden Morgen verkleiden, wenn er in Anzug und Krawatte schlüpft. Dabei würde er sein Oberarmtattoo lieber der ganzen Welt zeigen. Und die Ärztin ärgert sich darüber, dass sie ausgerechnet an diesem Wochenende Bereitschaftsdienst hat – wo sie doch eigentlich mit ihrem Freund zum Skifahren wollte!

Wir machen also den gleichen Fehler wie alle anderen auch. Wir halten Menschen um die 30 automatisch für erwachsen und glauben, sie hätten ihr Leben voll im Griff. So manches Problem der Quarterlife Crisis entsteht also einfach nur durch unsere eigene Fehleinschätzung. Das hilft uns zwar nicht unbedingt weiter, doch tröstet es immerhin ein wenig, zu wissen, dass es anderen ganz genauso geht!

## Für die reifere Haut:
## Quarterlife Crisis und Jugendwahn

Es ist schon lange kein Geheimnis mehr: In unserer Gesellschaft herrscht der Jugendwahn, und täglich gewinnt er an Macht. Wie schön müsste es sein, in China zu leben, wo man zu alten Menschen aufsieht, weil sie Weisheit und Autorität verkörpern. Doch nein, wir leben in Europa, wo man manchmal das Gefühl hat, spätestens mit 40 auf dem Abstellgleis zu landen. Besonders Frauen scheinen heutzutage schon mit einem Verfallsdatum auf die Welt zu kommen. Während in Hollywood Männer wie Robert Redford oder Sean Connery immer noch als Sexsymbole gelten und keine Schwierigkeiten haben, Rollenangebote zu bekommen (von jungen Frauen ganz zu schweigen), sieht es bei ihren Kolleginnen ganz anders aus. Denken wir einmal nach: Wie viele Schauspielerinnen über 40 fallen uns ein, die auch heute noch erfolgreich und sexy sind? Vor zehn Jahren standen Sharon Stone und Demi Moore ganz an der Spitze – aber wann haben wir sie das letzte Mal auf der Leinwand gesehen?

Ganz klar, die Herren der Schöpfung sind auch mit grauen Schläfen (bei Richard Gere darf es sogar ein wenig mehr Grau sein) immer noch attraktiv und erfolgreich. Wir Frauen müssen dagegen ab einem gewissen Alter zu künstlichen Mitteln greifen, um unsere Attraktivität zu erhalten (oder wenigstens ein gut gepolstertes Bankkonto haben). So haben es in diesem Jahr immerhin Joan Collins und Liza Minelli geschafft, erheblich jüngere Männer vor den Traualtar zu zerren. Uns Normalsterblichen ist dies hingegen leider nur selten vergönnt. Stattdessen müssen wir um die 30 erkennen, dass sich gleichaltrige Männer nun plötzlich nicht mehr in erster Linie für uns interessieren, sondern für unsere kleinen Schwestern. Für uns bleiben dann nur noch die 40-Jährigen übrig, und was das bedeutet, wissen wir ja: Entweder sind sie schon wieder geschieden (vielleicht sollten wir also lieber gleich die Finger von ihnen lassen) und haben auch noch Kinder (keine romantischen Wochenenden im Bett oder spontane Kurztrips ans Meer) oder sie waren noch gar nicht verheiratet (das wird ebenfalls seine guten Gründe haben, oder?).

Wir sind mit 30 langsam zu alt für unsere Altersgenossen, für sie hat eine jüngere Freundin dafür einen weiteren Vorteil: Sie können so ihrer Quarterlife Crisis entfliehen, da sie sich mit einer 20-Jährigen auch wieder wie 20 fühlen. Also, warum tun wir es den Männern nicht einfach nach und legen uns ebenfalls einen jüngeren Lover zu? Nun, leider scheint es noch nicht zu den 20-Jährigen durchgedrungen zu sein, dass Frauen um 30 sozusagen ihre sexuelle Blütezeit erleben. Sie suchen ihr Vergnügen lieber bei Gleichaltrigen, für sie sind wir nämlich einfach zu alt.

Nicht nur im Privatleben greift der Jugendwahn um sich, im Job ist es genauso. Schon ab etwa 40 gilt ein Arbeitsloser heutzutage als schwer vermittelbar, die meisten Unternehmen ziehen junge, innovative und vor allem billige Arbeitskräfte vor. In manchen Branchen setzt der Jugendwahn sogar noch früher ein. Erst vor ein paar Wochen las ich in einer Zeitschrift einen Artikel über Seminare für Werbetexter. Da ich als freier Schreiberling immer nach Jobperspektiven Ausschau halten muss, dachte ich mir – blauäugig wie ich nun einmal bin –, ich könnte eine kleine Fortbildung machen und ein wenig in die Werbebranche hineinschnuppern. Doch was musste ich lesen? Sinngemäß stand da in etwa Folgendes: »Das Durchschnittsalter in der Werbebranche beträgt circa 25 Jahre, doch auch 30-Jährige können noch eine Chance haben.«

Und 31-Jährige wie ich? Ab ins Altersheim oder was? Was machen nur all die Werbetexter, wenn sie ihren 30. Geburtstag überschritten haben? Sich einen neuen Job suchen? Oder haben sie etwa in den paar Jahren Berufstätigkeit bereits so viel verdient, dass sie ihre Schäfchen im Trockenen haben? Und wie lässt das erst mich aussehen? Schock, Schreck, Depression, Quarterlife Crisis! Ist das nicht ein Paradoxon von der extremsten Sorte: Wir fühlen uns zwar noch längst nicht erwachsen, gelten in gewissen Branchen aber schon als alt. Nur in gehobenen Managementkreisen und in der Politik scheint man das Alter noch einigermaßen zu respektieren.

Immerhin war Ronald Reagan schon im Rentenalter, als er mit 69 Jahren amerikanischer Präsident wurde. Und der ehemalige Bertelsmann-Chef Thomas Middelhoff (49) wurde nicht etwa durch einen Jungspund ersetzt, sondern durch den 59-jährigen Günther Thielen. Aber das sind leider Einzelfälle – und Männer. Auch hilft es einem in der Quarterlife Crisis nur wenig weiter, darauf zu hoffen, dass in 30 Jahren womöglich endlich jemand unsere Qualitäten zu würdigen weiß. Wir wollen jetzt Karriere machen und sonst nichts!

Ab wann ist man eigentlich alt? In der Werbebranche schon ab 30, das wissen wir jetzt. Als Supermodel vermutlich schon mit 25. Als Rockstar mit fast 60 immer noch nicht, will uns zumindest Mick Jagger weismachen. Und als ein Arzt meiner 80-jährigen Oma riet, einen Stock zu benutzen, entgegnete sie empört: »Dann sehe ich ja aus wie eine alte Frau!«

Also, ab wann ist man alt? Mein Französischlehrer hatte darauf eine einfache Antwort parat: »Jung ist man, wenn man etwas zum ersten Mal tut, alt dagegen, wenn man etwas zum letzten Mal macht.« Also sind wir auch mit Ende 20 noch jung, denn wir haben etliche erste Male noch vor uns: die erste Heirat, das erste Kind, die erste Eigentumswohnung, den ersten Neuwagen und so weiter und sofort. Solange wir uns eine kindliche Neugier bewahren und immer neue Dinge ausprobieren, können wir theoretisch also gar nicht alt werden.

Unsere Erfahrungen sagen uns allerdings etwas anderes. Ich weiß noch zu gut, wann ich das erste Mal von einem anderen (natürlich jüngeren) Menschen alt genannt wurde. 1994 war das, ich war 23 Jahre jung und fuhr, wie in einem der vorangegangenen Kapitel bereits erwähnt, als Betreuerin mit einer Gruppe 14-jähriger Sprachschüler nach England. Bei einem Flohmarktbesuch kaufte sich Carolin die CD »The Joshua Tree« von U2. Ich beglückwünschte sie zu ihrem guten Musikgeschmack (sonst herrschten in dieser Gruppe nämlich DJ Bobo und Take That vor) und erwähnte nebenbei, dass ich auf einem Konzert von U2 gewesen war, mein erstes Konzert, 1987 war das. »Mann, damals war ich in der ersten Klasse. Bist du alt«, lautete Carolins Reaktion. Da wurde mir klar, dass sie keinerlei Erinnerungen an Lieder wie »With or without you« oder »I still haven't found what I'm looking for« haben konnte, die doch so wesentliche Teile meiner eigenen Jugend gewesen waren. Sie hatte die CD gekauft, weil sie die Musik der Band aus dem Jahr 1994 mochte und mal sehen wollte, was diese Band früher so gemacht hatte. In dem Moment fühlte ich mich auf einmal entsetzlich alt! Und genau das Gefühl habe ich heute, wenn ich das Radio anschalte und mir eine der 100 000 unsäglichen Cover-Versionen eines 80er-Jahre-Hits entgegenschallt. Ich kann mich noch zu gut an den Originalsong erinnern, doch ein heute 14-jähriger Teenie war im Jahr 1983 noch nicht einmal geboren. Also muss ich doch alt sein, oder?

Altwerden – das war lange Zeit etwas, über das man sich lustig machte. Angelika wurde damals als Erste in unserem Freundeskreis 18, und natürlich wurde sie nicht nur beneidet, sondern wir amüsierten uns prächtig darüber, dass sie nun auch nicht mehr die Jüngste war. Doch sie zahlte es uns heim. Als wir nun der Reihe nach alle unsere Volljährigkeit erreichten, nahm sie stets das Geburtstagskind beiseite und flüsterte verschwörerisch: »Also, ich komme dann heute Abend noch mal vorbei und bringe dir das Rezept für meine Anti-Falten-Creme. Jetzt brauchst du sie ja langsam auch.«

Wir reagierten mit Kichern, aber heute? Heute findet sich in unserem Bad ein immer größer werdendes Sortiment an Feuchtigkeitscremes und wir verfolgen Werbespots für straffende und glättende Hautcremes mit wachsender Aufmerksamkeit. Wiesen wir die Vorstellung, uns jemals liften zu lassen, vor zehn Jahren noch weit von uns (Frauen sollten schließlich ihr Alter akzeptieren und dazu stehen), so erscheint sie uns jetzt zumindest ab und zu ein paar ernsthafte Gedanken wert. Und Bücher mit Titeln wie »20 Jahre 40 bleiben« kommen uns plötzlich nicht mehr ganz so absurd vor.

Das Lachen vergeht uns spätestens dann, wenn wir das erste graue Haar entdecken. Ich kann mich noch sehr gut an den Entsetzensschrei erinnern, der eines Tages durch die dünnen Wände meines WG-Zimmers drang. Panisch rannte ich zu Karen hinüber und malte mir die entsetzlichsten Dinge aus, die ihr wohl geschehen sein könnten. Eine riesige Spinne an der Wand? Ein Serienkiller, der sich unter ihrem Bett versteckt hatte? Ihr Freund knutscht mit einer anderen, direkt unter ihrem Fenster? Doch weit gefehlt! »Ein graues Haar! Ich bin doch erst 23!«, schrie sie mir entgegen und hielt mir das Beweisstück mit spitzen Fingern unter die Augen. Sofort bekam ich den Befehl, ihren ganzen Kopf nach weiteren Anzeichen der plötzlich einsetzenden Vergreisung abzusuchen, und kam mir dabei vor wie ein lausender Affe. Zum Glück für Karen blieb meine weitere Suche erfolglos. Mir selbst ist dieses Drama bis heute erspart geblieben, vermutlich aber nur weil ich blond bin und deshalb ein graues Haar schnell und einfach als etwas entarteten Blondton abtun kann. Trotzdem: die ersten grauen Haare – eine grauenhafte Vorstellung, markieren sie uns doch auch äußerlich als alt.

Ganz furchtbar alt fühlte ich mich natürlich an meinem 30. Geburtstag, und zwar nicht nur deswegen, weil ich sowieso mitten in der Quarterlife Crisis steckte und mit nichts und niemandem in meinem Leben zufrieden war. Als ich an jenem denkwürdigen Tag aus dem Bett kroch (erheblich schwerfälliger als am Tag zuvor, so kam es mir zumindest vor) und mich ins Bad schlich, traute ich mich kaum in den Spiegel zu schauen. Würde mir etwa eine greisenhafte, zahnlose Fratze entgegenblicken? Doch o Wunder! Ich sah kein bisschen anders aus als am Tag zuvor. Und das Aufstehen fiel mir wohl auch nur deshalb so schwer, weil ich am Vorabend den Abschied von der Jugend mit einer Flasche Wein begossen hatte. In den nächsten Tagen bemerkte ich weitaus Erstaunlicheres: Das Leben mit 30 war keinen Deut anders als mit 29. Erheblich schwerer schien mein neuer Lebensabschnitt dagegen meiner Mutter zu fallen. Als wir uns zum Geburtstagsfrühstück trafen, sagte sie immer wieder: »Ich kann es gar nicht fassen, ich habe eine 30-jährige Tochter. So alt kann ich doch noch gar nicht sein.« Am liebsten hätte ich sie angeschrien: »Was soll das denn? Ich habe heute Geburtstag. Ich bin ein Jahr älter geworden und sollte eine Krise kriegen, nicht du!« Aber weil ich mich genauso fühlte wie mit 29, streute ich stattdessen lieber Salz in ihre Wunden: »Ja, pass nur auf, dass du nicht bald Oma wirst.«

Selbst wenn das Alter nicht an einem bestimmten Tag zuschlägt, so schleicht es sich doch langsam, aber sicher in unser Leben. Plötzlich merken wir, dass uns der Kopf auf den Schreibtisch fällt, wenn wir am Vorabend (oder sollten wir sagen an diesem Morgen?) erst um vier ins Bett gekommen sind. Früher konnten wir eine durchgemachte Nacht locker wegstecken und waren trotzdem fit wie ein Turnschuh. Und nicht nur das. Trotz Schlafmangels sahen wir aus wie das blühende Leben selbst. Nun sind da auf einmal verräterische Schatten unter unseren Augen. Eine Tafel Schokolade scheint nun nicht mehr den Umweg über den Magen zu wählen, sondern lässt sich direkt auf unseren Hüften nieder. Auch springen wir plötzlich nicht mehr wie ein junges Reh die Treppen zu unserer Wohnung im dritten Stock hinauf, sondern kommen schon in der zweiten Etage kräftig aus der Puste. Ganz klar, ab einem gewissen Alter hinterlässt unser Lebensstil auf einmal Spuren. Eindeutige Spuren, die geradewegs ins Alter führen. Und schon fallen wir einem zweiten, in der heutigen Zeit so häufigen Wahn zum Opfer: dem Schönheitswahn.

Natürlich sind gegen den Schönheitswahn und seinen Zwillingsbruder, den Schlankheitswahn, auch Teenager nicht immun. Selbst Zehnjährige sind heute mit ihrem Aussehen unzufrieden und probieren eine Diät nach der anderen aus. Britney Spears hat sich angeblich schon mit 17 die Brüste vergrößern lassen und selbst auf den Wunschzetteln ganz normaler Teenies finden sich immer häufiger Nasenoperationen und Brustvergrößerungen. Glaubt man der Zeitschrift »Joy« vom September 2002, würden sich immerhin 37 Prozent der 20- bis 35-jährigen Frauen sofort unters Messer legen, wenn sie das nötige Kleingeld dazu hätten. Im Jahre 2001 wurden in Deutschland 500 000 Schönheitsoperationen durchgeführt, an erster Stelle stand dabei das Fettabsaugen, es folgten Lidchirurgie, Brustaufbau, Nasenkorrektur und Gesichtsstraffung.

Der Sinn oder Unsinn all dieser kosmetischen Maßnahmen ist allerdings nicht Thema dieses Buches. Ich persönlich frage mich jedoch immer, was eine 20-Jährige, die jetzt schon mit ihrem Aussehen unzufrieden ist und an sich herumschnippeln lässt, erst einmal tut, wenn sie 50, 60 oder 70 ist und den Alterungsprozess ganz bestimmt nicht mehr aufhalten kann. Doch wie wir bereits gesehen haben, denken wir mit 20 noch nicht einmal an den 30. Geburtstag, vom 50., 60. oder 70. ganz zu schweigen.

Und erst die Diäten! So wie Arbeitslose ihre Situation gerne damit umschreiben, dass sie sich gerade zwischen zwei Jobs befänden, so befinden wir uns im Grunde immer zwischen zwei Diäten. Im Klartext heißt das: Wir machen eigentlich gerade eine Diät, nur ist heute eine Ausnahme, denn wir sind bei Freunden eingeladen, und da können wir das leckere Essen ja nicht ablehnen. Morgen geht es jedoch ganz bestimmt mit der Diät weiter. Über die Auswüchse dieses Schlankheitswahns, der immerhin die boomende Fitnessindustrie ganz gut ernährt und zum millionenfachen Verkauf von Diätbüchern führt, möchte ich nichts weiter sagen. Zu den zahllosen Mädchen und Frauen, die an Magersucht oder anderen Essstörungen leiden, auch nicht, obwohl ihnen mehr Aufmerksamkeit zustehen würde. Doch schließlich ist das kein Pamphlet gegen den Schlankheitswahn und unser verzerrtes Schönheitsbild, sondern ein Buch über die Quarterlife Crisis.

Genau diese kann durch den Schönheits- und Schlankheitsterror natürlich noch verstärkt werden. In einer Zeit, in der wir uns sowieso schon unsicher und verletzlich fühlen, weil wir das Gefühl haben, im Leben nur auf der Stelle zu treten, müssen wir merken, dass nicht allein unser Job oder unsere Partnerschaft nicht unseren Ansprüchen genügen, sondern dass sich auch noch unser Körper gegen uns wendet. Zum Glück lässt sich daran schnell etwas ändern: eine Mitgliedschaft im Fitness-Studio, ein paar Kilo weniger und wenn's unbedingt nötig sein sollte, eben der Gang unters Messer. Dabei sind wir so mit unwesentlichen Äußerlichkeiten beschäftigt, dass uns weder ausreichend Zeit noch Energie bleibt, um die wichtigen Probleme der Quarterlife Crisis anzupacken. Wenn wir in ein Kleid der Größe 34 passen, macht uns der Job noch lange nicht mehr Spaß, wenn wir hingegen unsere berufliche Situation ändern und einen Job finden, der uns zufrieden stellt, bekommen wir vielleicht das nötige Selbstbewusstsein, um uns auch in Größe 40 rundherum wohl zu fühlen. Und ein Partner, der uns nur liebt, weil wir die perfekten Maße von 90-60-90 haben, sollte uns sowieso gleich ganz gestohlen bleiben!

Unser Alter, egal ob es nur auf dem Papier steht oder man es uns äußerlich ansieht (und mit 30 wirkt man ganz bestimmt noch nicht »alt«), macht uns in der Quarterlife Crisis ganz schön zu schaffen. Hauptsächlich deshalb, weil wir nicht erwachsen werden wollen oder uns zumindest noch nicht so fühlen, aber auch weil wir Angst vor dem berühmten Ernst des Lebens haben und den Spaß einfach nicht aufgeben wollen. Im Gegensatz zu den anderen großen Problembereichen der Quarterlife Crisis – Job, Partnerschaft und Kinderfrage – ist dieser Bereich eine Angelegenheit, die größtenteils mit unserer inneren Einstellung zusammenhängt.

»Man ist immer nur so alt, wie man sich fühlt«, wussten schon unsere Großeltern, und so können wir uns mit der richtigen Einstellung auch jenseits des 30. Geburtstags ein wenig Unbeschwertheit und Jugend bewahren. Nur weil man die 30 überschritten hat, fällt man nicht automatisch in die Spießigkeit, eine Zahl macht uns noch lange nicht zu einem anderen Menschen. Hier können wir die Quarterlife Crisis also relativ einfach überwinden, indem wir an unserer Einstellung arbeiten, uns selbst treu bleiben oder meinetwegen auch

Vorsätze fassen, wie zum Beispiel jeden Tag etwas Verrücktes zu tun oder zumindest etwas Neues auszuprobieren. In anderen Bereichen können uns dagegen konkrete Strategien helfen, aus unserer Quarterlife Crisis wieder herauszufinden.

# Das Leben geht weiter: Wege aus der Quarterlife Crisis

Und hier kommt sie: die Patentlösung in Sachen Quarterlife Crisis! Halt, stopp, zu früh gefreut! Wenn ich eine solche Patentlösung in der Tasche hätte, säße ich jetzt nicht hier und würde dieses Buch schreiben. Ich hätte sie schon längst an den Meistbietenden verkauft und würde den Rest meines Lebens auf den Fidschi-Inseln verbringen, Piña Coladas trinken und das Leben in vollen Zügen genießen. Nein, leider kann ich nicht mit einer Patentlösung für die Quarterlife Crisis aufwarten, denn es gibt sie nicht. Jeder durchlebt seine ganz persönliche Krise mit seinen ganz speziellen Problemen, die er auch selbst anpacken muss.

Trotzdem kann ich nicht an mich halten und habe ein paar Tipps auf Lager, wie wir unsere Quarterlife Crisis überwinden können. Unser Hauptproblem ist dabei eine gewisse Unzufriedenheit mit unserem Leben. Nun geht es darum, herauszufinden, in welchem Lebensbereich diese Unzufriedenheit am stärksten ist und in welchem Bereich wir etwas dagegen tun können. Dabei kann uns das folgende Vier-Schritte-Programm helfen.

## Die Quarterlife Crisis als Chance

Was machen wir, wenn wir Halsschmerzen haben? Wir nehmen eine Tablette oder gurgeln, denn wir sehen ein, dass mit unserem Körper etwas nicht in Ordnung ist. Unsere Halsschmerzen sind das Symptom einer Erkältung, Mandelentzündung oder Angina. Und dagegen müssen wir etwas unternehmen, wenn wir uns bald wieder besser fühlen wollen.

Auch die Quarterlife Crisis ist ein solches Symptom. Sie zeigt uns, dass mit unserem Leben etwas nicht stimmt und dass wir hier ebenfalls etwas tun müssen, wenn wir wollen, dass es uns wieder besser geht.

Wir sollten also nicht in Selbstmitleid versinken und still vor uns hinleiden, frei nach dem Motto: »O Gott, jetzt habe ich mir eine Quarterlife Crisis eingefangen.« Vielmehr sollten wir die Quarterlife Crisis als Aufforderung verstehen, unser Leben in Ordnung zu bringen. Auch wenn wir uns noch so mies fühlen: Die Quarterlife Crisis ist der erste Schritt zu einem Neuanfang, schließlich macht sie uns bewusst, dass wir etwas in unserem Leben ändern müssen.

Dazu müssen wir sie jedoch zunächst einmal akzeptieren. Also – weg mit Gedanken wie »Mit mir stimmt was nicht« oder »Das wird sich schon wieder einrenken«!

Stattdessen sollten wir ehrlich sein und uns eingestehen: »Ja, wir haben eine Quarterlife Crisis und müssen endlich aktiv werden.«

## Wer bin ich?
### Eine Selbstanalyse als erster Schritt zur Veränderung

Okay, wir haben uns also überwunden und zugegeben, dass wir an der Quarterlife Crisis leiden. Dazu dürfen wir uns nun als Erstes gratulieren, denn in der heutigen Zeit, in der perfekt funktionierende Menschen gefragt sind wie nie zuvor, kostet das schon einiges an Überwindung.

Wo genau hakt es aber? Da ist erst einmal dieses ungewisse Gefühl der Unzufriedenheit, dieses Da-könnte-noch-mehr-Sein. Ist es der Job, der mir zu schaffen macht? Der Partner oder das Fehlen eines solchen? Fühle ich mich von meinem Partner, meinen Eltern oder Freunden unter Druck gesetzt, weil ich ihrer Meinung nach schon Kinder haben oder ein geregeltes Leben führen sollte? Oder ist es eine Kombination von allem?

Bevor wir unsere Situation anpacken und etwas an ihr verändern können, müssen wir erst einmal herausfinden, was genau in unserem Leben schief läuft und welche Möglichkeiten uns zur Verfügung stehen. Dies ist noch eine relativ einfache Aufgabe, meist können wir nämlich schnell sagen, dass unsere Arbeit keinen Spaß macht, wir uns unterfordert fühlen oder wir darunter leiden, dass wir mit 31 immer noch nicht den Mann fürs Leben gefunden haben.

Aber wie verändern wir etwas an dieser Situation? Jetzt den Job kündigen und nicht wissen, ob wir einen neuen finden? Wir wissen ja noch nicht einmal, was wir stattdessen machen wollen. Und was passiert, wenn sich der neue Job wieder als Griff ins Klo entpuppt? Schon sind sie wieder da, diese Zweifel, dieses typische Symptom der Quarterlife Crisis. Entscheidungen fallen uns in dieser Zeit gerade auch deshalb so schwer, weil wir nicht wissen, wer wir eigentlich sind und was wir mit unserem Leben anfangen wollen.

Deshalb ist vorab eine gründliche Selbstanalyse gefragt. Das letzte Mal haben wir eine solche vermutlich kurz vor dem Schulabschluss gemacht, etwa bei der Berufsberatung oder im Karriereteil einer Tageszeitung. Wir mussten auf einem umfangreichen Fragebogen verschiedene Optionen ankreuzen, wie zum Beispiel »In meinem Job möchte ich ...«, »Meine Talente sind ...«, »Damit will ich mich beschäftigen ...«, »Im Umgang mit anderen bin ich ...« oder »Das liegt mir ...«. Ein paar Tage oder auch Wochen später brachte uns der Postbote dann eine Liste mit möglichen Berufen, die zu unseren Fähigkeiten und Interessen passten. Ich selbst habe bei solchen Tests übrigens nie mitgemacht, aus Angst, es könnte »Hausfrau/Mutter« oder »Gehen Sie ins Kloster« dabei herauskommen. Eine ähnliche Selbstanalyse steht auch jetzt wieder an – und wir müssen uns dabei keineswegs auf einen Fragebogen mit vorgegebenen Antworten verlassen. Stattdessen sollten wir vorübergehend unsere Einstellung, nur im Hier und Jetzt zu leben, aufgeben und einen Blick in die Vergangenheit und die Zukunft werfen.

Denken wir einmal zurück, welche Berufswünsche wir im Laufe unseres Lebens hatten (Möglichkeiten wie »Ehefrau von Tom Cruise« bitte streichen – man hat ja bei Nicole Kidman gesehen, wohin das führt! Das Gleiche gilt für »Supermodel« – dafür sind wir längst zu alt!). Wie haben wir uns als Teenager unser Leben vorgestellt? Ich selbst wollte mit zehn Jahren noch Detektivin werden, später standen dann Archäologin, Stewardess auf einem Kreuzfahrtschiff und, ich gestehe, auch Lehrerin ganz oben auf meiner Wunschliste. Dies alles waren Berufe mit einer geregelten Ausbildung und

Chancen auf dem Arbeitsmarkt, doch hatte ich seit ich lesen konnte einen Traum, der mir immer völlig unerreichbar schien: Ich wollte Bücher schreiben, denn schon immer habe ich leidenschaftlich gerne gelesen. Sobald ich eine Bibliothek oder eine Buchhandlung betrat, war ich glücklich – so einfach war das. Doch Schriftsteller – das waren für mich als Kind Enid Blyton und Astrid Lindgren, später dann Shakespeare, Jane Austen oder Oscar Wilde – also Menschen, mit denen ich absolut nichts gemeinsam hatte. Also änderte ich meinen Berufswunsch zu Lektorin oder Journalistin und richtete meine Ausbildung und Praktika an diesen Zielen aus.

Als ich vor zwei Jahren dann in der Quarterlife Crisis steckte und die Nase von meinem damaligen Arbeitsleben gründlich voll hatte, da hätte ich am liebsten alles hingeworfen, mich nach Thailand abgesetzt und dort in einer Strandbar gejobbt. Doch dann fiel es mir wieder ein: Eigentlich wollte ich doch immer Bücher schreiben – was war also schief gelaufen? Sofort machte ich einen Plan. Ich wollte ganz selbstständig sein und nur noch über Dinge schreiben, die mir auch am Herzen lagen (ab und zu eine Auftragsarbeit ist durchaus drin, schließlich muss man auch an die Miete denken). Außerdem bin ich fest entschlossen, mich in nächster Zeit auch einmal an Belletristik zu versuchen.

Bei mir half also ein Blick zurück in die Vergangenheit, um mir darüber klar zu werden, ob ich mich auch auf dem richtigen Weg befand. Selbst wenn wir im Nachhinein manche alten Träume als Hirngespinste und Teenie-Fantasien abtun, verraten sie uns doch einiges über unsere Wünsche und Erwartungen an das Leben. Selbst der »Berufswunsch« »Ehefrau von Tom Cruise«. Er sagt immerhin aus, dass uns eine eigene Karriere und Selbstverwirklichung damals nicht wichtig schienen und wir bereit waren, hinter einem Mann zurückzustecken. Vielleicht sind wir auch heute nicht die Karrierefrau, für die wir uns nur zu gerne halten wollen? (Andererseits verrät ein solcher Berufswunsch eine sehr materialistische Einstellung, in der realen Welt könnte das durchaus ein Problem sein). Denken wir also darüber nach: Welche Elemente aus unseren früheren Berufswünschen können wir in unser heutiges Leben übernehmen?

Allerdings ist der Job nun mal nicht alles im Leben. Familie und Freunde sind mindestens ebenso wichtig. Hier gilt ebenfalls zunächst einmal folgende Überlegung: Lebe ich das Leben, von dem ich früher immer geträumt habe? War es unser Wunsch, später einmal ein Häuschen auf dem Lande und mindestens fünf Kinder zu haben? Dann müssen wir langsam aktiv werden, wenn wir unseren 30. Geburtstag überschritten haben und jeden Tag zehn und mehr Stunden im Büro verbringen. Vielleicht sollten wir unsere Energie im Job etwas zurückschrauben und uns stattdessen mehr auf unser Privatleben konzentrieren. Natürlich haben wir damit nicht von heute auf morgen Erfolg, doch zumindest hilft ein solcher Blick zurück in die Vergangenheit, uns über unsere Wünsche und Träume klar zu werden und einen Plan mit Zielen aufzustellen, die wir in der Zukunft erreichen wollen.

Wir sollten jedoch nicht ausschließlich in die Vergangenheit zurückschauen, schließlich geht es um unsere Zukunft. Auch diese sollten wir kritisch unter die Lupe nehmen. Keine Angst, niemand muss sich nun eine Kristallkugel zulegen oder sich in die Hände von Kartenlegern oder Wahrsagern begeben – einen Blick in die Zukunft zu werfen, heißt in unserem Fall etwas ganz anderes. Stellen wir uns einmal vor, wir sind 80 Jahre alt. Bitte jetzt nicht gleich denken: »O Gott, wie sehe ich dann wohl aus? Habe ich Falten? Ein Gebiss? Einen Hängebusen?« Nein, wir sitzen ganz gemütlich in einem Schaukelstuhl, in heiterer Gelassenheit, und blicken zurück auf die vergangenen Jahre unseres bewegten Lebens. Was wollen wir nun über unser Leben sagen können? Ganz bestimmt nicht: »Mit Ende 20 war ich total unzufrieden, aber irgendwie wusste ich auch nicht, was ich an meiner Situation ändern sollte. Deshalb habe ich halt so weitergemacht, bis ich in Rente ging.« In erster Linie wollen wir vermutlich sagen: »Ich habe ein schönes Leben gehabt, ich war glücklich.«

Und was gehört für uns zum Glücklichsein? Ein Bauernhaus? Kinder? Ein Mann? Viele Reisen? Ein Porsche? Dann sollten wir diese Dinge ganz oben auf die Liste unserer Ziele setzen. Natürlich können uns hier äußere Umstände ganz gehörig einen Strich durch die Rechnung machen, denn Unfälle, Krankheiten oder andere Schicksalsschläge werden selbst den schönsten Lebensplan zunichte machen. Das Leben verläuft nun einmal nicht streng nach Plan, doch egal ob sie nun wahr werden oder nicht: Träume und Pläne geben uns ein Ziel und die Motivation, uns aus unserer Quarterlife Crisis zu befreien.

Nun haben wir uns also Ziele gesetzt, die wir in unserem Leben erreichen wollen, und sind in der Lage, unserem Leben eine neue Richtung zu geben. Bevor wir uns in die Arbeit stürzen, müssen wir aber noch überprüfen, ob diese Ziele auch tatsächlich erreichbar sind. Von unvorhergesehenen Umständen einmal abgesehen, können nämlich auch unsere eigenen Fähigkeiten und Charaktereigenschaften sämtliche Pläne vereiteln. Deutlich gesagt: Selbst wenn es schon immer unser Traum war, Opernsängerin zu werden, werden wir diesen nie erreichen, wenn wir nicht einmal bei »Alle meine Entchen« den Ton halten können. Also gilt es auch, die eigenen Fähigkeiten und Talente gründlich zu überprüfen.

Und jetzt bitte nicht jammern: »Ich kann doch eigentlich gar nichts. In der Uni habe ich zwar alles über Kants kategorischen Imperativ gelernt, aber damit kann ich im wahren Leben nicht gerade viel anfangen!« Es stimmt schon: Vieles, das wir während des Studiums lernen, ist im Arbeitsleben nicht zu gebrauchen. Wichtige Dinge, zum Beispiel wie man eine Excel-Tabelle erstellt, bringt uns dagegen niemand bei. Trotzdem ist ein Studium keine verschwendete Zeit, denn wir lernen dabei durchaus noch andere Dinge als Mittelhochdeutsch und die Geheimnisse der Kostenrechnung. Wir lernen zum Beispiel, unter immensem Druck zu arbeiten. Jeder, der einmal an einer Hausarbeit geschrieben oder sich auf eine Klausur vorbereitet hat und gleichzeitig auch noch Seminare besucht und nebenbei in der Kneipe gejobbt hat, wird dies nur zu gern bestätigen. Der Abgabe- oder Klausurtermin rückt näher und wir müssen doch noch so viel tun ... Nachtschichten, ein Liter Kaffee pro Stunde und totale gesellschaftliche Isolation sind an der Tagesordnung und trotzdem haben wir am Schluss irgendein Ergebnis auf dem Papier. Das soll uns erst einmal jemand nachmachen, der gewohnt ist, jedes bisschen Arbeit, das ihm zu viel wird, auf seine Sekretärin abzuwälzen. Wir haben auch gelernt, uns schnell auf die unterschiedlichsten Menschen einzustellen, denn mit ihnen haben wir an der Uni tagtäglich zu tun. Da müssen wir Referate zusammen mit Kommilitonen halten, die wir gerade mal vom Sehen kennen und über deren Fähigkeiten und Arbeitsmoral wir so gut wie gar nichts wissen. Da müssen wir Prüfungen bei Dozenten ablegen, mit denen wir vorher höchstens mal ein Gespräch geführt haben. Da versuchen wir die Sekretärin des Professors zu überreden, unsere Seminararbeit noch anzunehmen, obwohl wir den Abgabetermin – wenn auch ganz knapp – bereits überschritten haben. In all diesen Fällen müssen wir blitzschnell einschätzen, mit wem wir es zu tun haben, und unser Verhalten darauf abstimmen. In Sachen Menschenkenntnis, Einfühlungsvermögen und Flexibilität macht uns demnach so schnell niemand etwas vor. Soziale Kompetenz nennt man das in der Fachsprache, eine immer wieder geforderte Schlüsselqualifikation. Wir können also weit mehr, als wir zunächst denken – und an den anderen Dingen lässt sich arbeiten. Die geforderten Excel-Kenntnisse können wir in der Volkshochschule erwerben, Belastbarkeit und soziale Kompetenz dagegen sind so schnell nicht zu trainieren. Wie gut, dass wir diese schon mitbringen!

Wenn wir ein paar Abende oder auch Wochenenden investieren, werden wir bald wissen, was wir wollen und was wir zu leisten in der Lage sind. Im Idealfall ist etwas darunter, das wir nicht nur machen wollen, sondern auch tatsächlich gut können (zumindest theoretisch). Nun kann es also ans Eingemachte gehen. Wir müssen unsere Probleme anpacken, etwas an unserer Situation verändern.

Bevor wir uns voller Elan ans Werk machen, ist allerdings noch eine weitere Überlegung wichtig. Nicht nur, was wir an unserem Leben verändern wollen, sollten wir gründlich überdenken, sondern auch, was wir bewahren wollen. Sind wir zum Beispiel mit unserem Job unzufrieden, so wissen wir, dass wir in diesem Bereich etwas ändern müssen. Andererseits haben wir bereits den Partner fürs Leben gefunden und vor kurzem erst geheiratet. Auf diese Tatsache werden wir unsere Änderungswünsche im Bereich »Arbeit« abstimmen müssen, denn unsere Partnerschaft wollen wir uns bewahren.

Wir werden also gewisse Abstriche machen müssen und nicht plötzlich 1 000 Kilometer weit weg ziehen, nur weil wir dort unseren Traumjob entdeckt haben. Bei mir ist die Freiberuflichkeit ein Aspekt, den ich mir auf alle Fälle in meiner Arbeit bewahren möchte. Ich möchte keinen Chef mehr haben, der mir sagen darf, was ich zu tun und zu lassen habe. Also suche ich eben nach Möglichkeiten, wie ich mein freiberufliches Arbeitsgebiet erweitern kann, so dass ich immer genug Aufträge in der Tasche habe. Auf jeden Fall bringt dies jedoch eine Veränderung mit sich, die ich selbst in Angriff nehmen muss. Und das geht so:

### Das Leben ist Veränderung: vom Plan zur Tat

Im antiken griechischen Drama gab es eine ganz schlaue Erfindung, den so genannten »Deus ex machina«. Immer wenn die Verwicklungen in der Handlung unauflösbar wurden, schwebte ein Gott aus dem Bühnenbild herab und brachte wieder Ordnung in das Leben der Protagonisten. Im wahren Leben gibt es leider keinen solchen »Deus ex machina«, wir müssen unser Leben schon selbst in die Hand nehmen.

Für unsere Quarterlife Crisis heißt dies: Wir dürfen nicht darauf hoffen, dass sich unsere Probleme von selbst lösen. Wenn wir abwarten und zögern, rutschen wir immer tiefer in unsere Krise, unter Umständen geht dann die Quarterlife Crisis nahtlos in die Midlife Crisis über. Unser Glück kommt nun einmal nicht von außen, wir müssen selbst etwas dafür tun. Um auf ein altes Sprichwort zurückzugreifen: Jeder ist seines Glückes Schmied. Natürlich kommt es immer wieder vor, dass wir dabei Hilfe erhalten, zum Beispiel, wenn wir aus dem ungeliebten Job gefeuert werden oder der Partner, der womöglich doch nicht der Richtige ist, uns einfach so verlässt oder wir ungeplant schwanger werden, während wir noch mit der Frage »Kind oder Karriere?« hadern. Doch auf solche Zufälle kann man sich nicht verlassen, stattdessen sind Aktivität und ein bisschen Mut gefragt.

Durch die Selbstanalyse in Schritt zwei haben wir darüber nachgedacht, ob wir uns vorstellen können, auch anders zu leben, und wissen nun ungefähr, wie das Ganze etwa aussehen sollte. Wir haben gelernt, wo unsere Stärken und Schwächen liegen und wie wir unsere Fähigkeiten am besten für unseren neuen Zukunftsplan nutzen. Dabei sind wir zu dem Ergebnis gekommen, dass eine Veränderung ansteht, dass wir aber vielleicht auch manche Dinge bewahren möchten. Ein ganz schönes Stück Arbeit haben wir jetzt schon einmal hinter uns gebracht. Vermutlich sind wir nun total enthusiastisch und haben den Kopf voller Pläne.

Doch nun beginnt der schwierige Teil unseres Unterfangens: Wir müssen diese Pläne in die Tat umsetzen.

Um unsere Pläne auch erfolgreich zu realisieren, sollten wir mit einer positiven Grundeinstellung an diese Aufgabe herangehen. Wer morgens lustlos aufsteht und sich halbherzig denkt »Na gut, dann versuche ich eben mal, was zu tun!«, hat schon verloren. Nun ist unsere ganze Energie gefragt, denn Veränderungen kosten viel Kraft.

Ebenso wichtig ist auch, dass wir unsere Quarterlife Crisis nicht als persönliches Versagen betrachten. Kein Mensch kann in die Zukunft blicken, und auch wenn wir einmal die falschen Entscheidungen gefällt haben, konnten wir damals nicht wissen, welche Folgen sie haben würden. Wir sind keine »Loser«, obwohl wir uns manchmal so vorkommen. Wer sich durch dieses Buch gekämpft hat, wird nun etwas beruhigt sein und wissen, dass Selbstzweifel und Identitätskrisen in unserem Alter ganz normal sind. Anstatt in Selbstmitleid zu versinken, sollten wir unsere Quarterlife Crisis lieber als das begreifen, was sie eigentlich ist: als Aufforderung, etwas an unserem Leben zu ändern.

Bei der Entwicklung einer positiven Grundeinstellung hilft es, sich bewusst zu machen, was wir in unserem Leben schon erreicht haben. Dies übersehen wir nämlich leicht, da wir uns in unserer Krisenstimmung nur auf das Negative konzentrieren. Was wir bereits haben, ist viel wichtiger als all das, was wir nicht haben. Gut, unser Job stellt uns vielleicht nicht unbedingt zufrieden, doch immerhin haben wir Arbeit und leben nicht von Arbeitslosengeld oder Sozialhilfe. Wir haben vielleicht keinen Partner, doch dafür gute Freunde, auf die wir uns verlassen können und die immer für uns da sind. Vielleicht hören wir die biologische Uhr ticken und müssen uns bald zwischen Kind und Karriere entscheiden. Aber immerhin können wir diese Entscheidung bewusst fällen, denn wir sind nicht mit 16 ungewollt schwanger geworden und haben unserem Kind zuliebe auf eine Ausbildung verzichtet. Wir haben es vielleicht nicht unbedingt gut, wir könnten es jedoch auch so viel schlechter haben. Und an dem, was noch nicht optimal läuft, können wir arbeiten!

Noch etwas ist ganz wichtig, wenn wir unser Leben verändern wollen: Wir sollten eine gewisse Gelassenheit entwickeln und uns nicht unter Druck setzen. Selbst wenn wir es in unserem Leben nicht mehr auszuhalten glauben, erreichen wir nur schwer etwas, sobald wir uns verkrampfen und uns innerhalb kurzer Zeit ein völlig neues Leben konstruieren wollen. Veränderungen brauchen Zeit, geben wir sie ihnen also auch.

Gerade am Anfang haben wir oft Angst vor einer Veränderung. Wir wissen nicht, was auf uns zukommt, und sofort beschleichen uns wieder die alten Zweifel. Was ist, wenn ich nun den größten Fehler meines Lebens mache? Selbst das ist normal, und zwar nicht nur in der Quarterlife Crisis. Natürlich gibt es keine Garantie, dass sich unser Leben tatsächlich zum Positiven verändern wird, doch immerhin haben wir es versucht. In der alten Situation verharren kann jeder, etwas dagegen unternehmen erfordert schon einigen Mut und viel Kraft. Wichtig ist dabei, stets offen für Neues zu bleiben. Wer sich gegen alle Einflüsse von außen abschottet, bleibt alleine – auch mit seiner Quarterlife Crisis. Stattdessen sollten wir unsere Umwelt mit aufmerksamen Augen betrachten und Veränderungen gegenüber aufgeschlossen sein.

Da lesen wir zum Beispiel in einer Zeitschrift ein Porträt über eine Frau mit einem interessanten Beruf. Anstatt uns zu denken »Toll, die hat's gut!« und dann weiterzublättern, sollten wir uns lieber überlegen, ob ihr Lebensentwurf auch für uns etwas wäre und wie wir ihn erreichen könnten. Stellt uns unsere Freundin ihren Bekannten von der Uni vor, so sollten wir ihn nicht gleich in die Schublade »BWL-Student, also ehrgeizig und karrieregeil« oder »Augenbrauenpiercing – was ist denn das für ein Typ?« stecken, sondern hinter die Fassade blicken, auch wenn sie uns auf den ersten Blick nicht unbedingt anspricht. So bleiben wir offen für alles und können unserem Leben beständig neue Impulse geben.

Bei allem Mut und Willen zur Veränderung sollten wir dennoch darauf achten, uns selbst treu zu bleiben. Wer nun einmal seine geregelten Arbeitszeiten und ein festes Einkommen liebt, weil er ein großes Sicherheitsbedürfnis hat, wird wohl kaum glücklich, wenn er sich mit einer Event-Agentur selbstständig macht. Und wer am liebsten in den Tag hineinlebt und keine großen finanziellen Ansprüche hat, sollte sich auch nicht auf Teufel komm raus einen Job im gehobenen Management suchen, nur weil ihm seine Quarterlife Crisis einredet, er solle endlich erwachsen werden und etwas aus seinem Leben machen. Wenn die angestrebte Veränderung zur Folge hat, dass wir uns verstellen müssen, so werden wir in kürzester Zeit erneut das Gefühl haben, nicht unser eigenes Leben zu leben. Eine solche Veränderung hilft uns also nicht, aus unserer Quarterlife Crisis herauszufinden.

Trotz allem ist eine Veränderung oft mit einer, manchmal auch mehreren radikalen Entscheidungen verbunden. Ein Beispiel hierfür ist Ute (29). Nach ihrem Germanistikstudium nahm sie eine Stelle als Online-Redakteurin in einem Zeitschriftenverlag an. Zur gleichen Zeit heiratete sie ihre Jugendliebe Harald. Nach zwei Jahren hatte sie das Gefühl, ihr ganzes Leben stecke in einer Sackgasse. In ihrem Job hatte sie keinerlei Aufstiegsperspektiven, außerdem war sie vom Medium Internet gelangweilt.

Und Harald? Irgendwie hatte sie das Gefühl, etwas verpasst zu haben. Vielleicht hätte sie doch ein paar andere Männer »ausprobieren« sollen, bevor sie sich auf einen festlegte? Ute fällte zwei radikale Entscheidungen, die ihr ganz und gar nicht leicht fielen. Sie kündigte ihren Job, noch ohne etwas Neues gefunden zu haben, und trennte sich von Harald. Zuerst einmal verreiste sie für drei Monate, ein Traum, den sie seit Jahren mit sich herumschleppte. Nach ihrer Rückkehr jobbt sie nun in einer Kneipe und wagt sich langsam an einen totalen Neuanfang.

Solche radikalen Entscheidungen sind niemals einfach, denn sie stellen unser Leben erst einmal gründlich auf den Kopf. Wie bei Utes Trennung von Harald sind von dieser Entscheidung auch noch andere Menschen betroffen, denen man unter Umständen sehr wehtun muss. Trotzdem sind radikale Veränderungen manchmal nötig, wenn man das Gefühl hat, einen Punkt erreicht zu haben, von dem man nicht mehr weiterkommt. Es ist schließlich unser Leben und das sollten wir auch selbst in die Hand nehmen.

Das dachte sich auch Schauspielerin und »Lola-rennt«-Star Franka Potente (28) und sprach in einem Interview mit der »Süddeutschen Zeitung« vom 25.09.2002 über ihre Entscheidung, »von einer Lebensform komplett Abschied zu nehmen, einer Beziehung, einer Wohnung, einem Ort, der schon so fertig war, der eigentlich so perfekt war und wunderschön und mir gleichzeitig die Luft abgeschnürt hat.« Für Franka bedeutete dies unter anderem Trennung von ihrem Freund und Auszug aus der gemeinsamen Wohnung. Zum Zeitpunkt des Interviews lebte sie mit fünf Koffern irgendwo zwischen Deutschland und Hollywood.

Ganz klar, dass in einem solchen Fall die Zweifel besonders groß sind. Was passiert, wenn ich nach der Kündigung so schnell keine neue Stelle finde? Darf ich das, was mein Partner und ich uns in so langer Zeit aufgebaut haben, einfach so wegwerfen? Wenn ich nun den größten Fehler meines Lebens mache? Und wie werden meine Eltern und unsere Freunde reagieren? Denkt sich nun vielleicht jeder: »Die spinnt wohl total?«

In der Quarterlife Crisis fällt es uns sowieso schon schwer, Entscheidungen zu treffen und uns festzulegen. Noch dazu so etwas Großes? Jeder wird hier seine eigenen Methoden haben, um zu einem Ergebnis zu kommen – ob er nun 150 Freunde nach ihrer Meinung fragt, eine Münze wirft, sich dem höheren Wissen von Kartenlegern und Wahrsagern anvertraut oder einfach auf sein Bauchgefühl hört. Unser Körper weiß nämlich oft wesentlich besser, was gut für uns ist, als unser Gehirn. Warum das so ist, vermag niemand so genau zu sagen. Intuition heißt das Zauberwort, und es scheint irgendwie zu funktionieren. Werden wir mit einer Entscheidung konfrontiert, so können uns noch so viele rationale Argumente in eine bestimmte Richtung lenken. Sobald wir dabei ein flaues Gefühl im Magen haben, sollten wir lieber darauf hören. Auch bei anderen Dingen weist uns unser Körper darauf hin, dass etwas in unserem Leben nicht in Ordnung ist. Anja zum Beispiel hatte eine Stelle als Bürokauffrau in einem mittelgroßen Unternehmen. Nach außen hin schien alles in ihrem Job zu stimmen: abwechslungsreiche Tätigkeit, gute Bezahlung, nette Kollegen. Und trotzdem war sie unzufrieden, denn sie steckte in der Quarterlife Crisis und meinte, es müsse noch mehr in ihrem Leben geben. Jeden Tag redete sie sich ein, sie habe eigentlich überhaupt keinen Grund, mit ihrem Job unzufrieden zu sein. Dennoch hatte sie jeden Morgen plötzlich Nasenbluten. »Was stinkt dir denn so, dass deine Nase nicht mehr mitmachen will?«, fragte ihre Freundin nur so zum Spaß und brachte Anja damit zum Nachdenken. Im Urlaub hatte sie dieses Nasenbluten nicht, oder? Aber wegen Nasenbluten kündigen? Das geht doch nicht! Wenig später sah Anja ein verlockendes Stellenangebot in einer Zeitung und bewarb sich. Sie bekam den Job. Das neue Unternehmen ist zwar kleiner, doch ihr Aufgabengebiet ist wesentlich anspruchsvoller und Anja fühlt sich mehr gefordert. Ihre Arbeit macht ihr jetzt richtig

Spaß. Und das Nasenbluten? Das hörte an dem Tag auf, an dem sie ihre Kündigung einreichte. Unser Körper und unser Bauchgefühl zeigen uns nicht selten, wenn etwas in unserem Leben nicht stimmt – warum hören wir also nicht öfter darauf?

Bei allem Willen zur Veränderung: Niemand, noch nicht einmal wir mit aller unserer Energie, kann das Unmögliche möglich machen. Deshalb sollten wir uns keine völlig utopischen Ziele setzen, nach dem Motto: »In einem Jahr will ich einen Job haben, in dem ich doppelt so viel verdiene wie jetzt, außerdem den Mann fürs Leben gefunden haben und eine Eigentumswohnung kaufen.« Stattdessen sollten wir uns lieber realistische Ziele setzen, kleine Zwischenziele, die wir durchaus erreichen können. Und jeden Erfolg genießen, mag er auch noch so klein und unerheblich sein. So brauchen wir gewiss nicht zu verzweifeln vor dem großen Aufgabenberg, der wie unüberwindbar vor uns liegt. Ganz im Gegenteil: Wenn wir ein Zwischenziel erreicht haben, können wir uns freuen und gewinnen so an Motivation für die Aufgaben, die noch vor uns liegen.

Sollte doch einmal etwas schief gehen: Nobody is perfect. Wir dürfen auch einmal Fehler machen und versagen, das ist noch lange kein Verbrechen. Noch besser: In der Quarterlife Crisis können wir es uns sogar erlauben, zu versagen, denn in der Regel haben wir noch keine Familie, die von uns abhängig ist. Wenn wir Mist bauen, ziehen wir also keine anderen Menschen mit hinein, sondern sind nur für uns selbst verantwortlich. Außerdem können die meisten Entscheidungen revidiert werden. Entpuppt sich der neue Job wieder als der falsche, wechseln wir eben noch einmal. Dasselbe gilt für den Partner. Ein Lebensweg ist heute keine geradlinige Strecke mehr, sondern darf ruhig auch den einen oder anderen Umweg haben. Hauptsache, wir erreichen irgendwann triumphierend unser Ziel!

Die ganze Zeit über war nun von Veränderungen die Rede, doch betreffen diese nicht immer nur unsere Umgebung. Auch wir selbst verändern uns mit der Zeit, mit allen unseren Träumen und Zielen, die wir so lange für selbstverständlich gehalten haben. Das müssen wir dann ebenfalls akzeptieren, schließlich ist es nur gut, wenn wir uns persönlich weiterentwickeln und nicht auf einer Stufe stehen bleiben. In einem solchen Fall kann es nötig sein, den alten Traum aufzugeben und sich neu zu orientieren.

So verabschiedete ich mich zum Beispiel irgendwann von meinem Lehrerin-Mann-Kinder-Häuschen-auf-dem-Land-Idyll, als ich feststellte, dass es einfach nicht mehr dem Bild entsprach, das ich von mir hatte. Diese Entscheidung habe ich bis heute nicht bereut, denn ein Traum, an dem man zwanghaft festhält, kann schnell zum Albtraum werden. Gut, wenn wir dann einen »Plan B« parat haben, auf den wir im Notfall zurückgreifen können. Ein solcher Plan B ist grundsätzlich immer sinnvoll, denn so haben wir eine Art Sicherheitsnetz, falls wir mit Plan A abstürzen. Mir ging es ähnlich, als ich meine Stelle bei der Medienagentur verlor und beschloss, mich nun ganz selbstständig zu machen. Ich gab mir zunächst einmal ein Jahr, um als freie Journalistin und Buchautorin auf die Beine zu kommen. Sollte mir das nicht gelingen (oder ich schon früher vollkommen pleite sein), so würde ich meine alten Kontakte in der Verlagsbranche nutzen und mir eine Stelle als Lektorin suchen. So weit ist es zum Glück nicht gekommen (und bei der momentanen Situation in der Buchbranche hätte ich vermutlich auch noch einen Plan C gebraucht), doch zumindest hätte ich nicht völlig ohne Perspektiven dagestanden, falls mein Projekt »Selbstständigkeit« gescheitert wäre.

Um einen Plan in die Tat umzusetzen und so aus der Quarterlife Crisis herauszufinden, ist also eine ganze Menge Kraft und Mut nötig. Natürlich wird es immer wieder kleine Rückschläge und Enttäuschungen geben, das gehört schließlich auch zum Leben. Doch wichtig ist dabei, dass wir uns von ihnen nicht aus der Bahn werfen lassen. Nicht aufgeben, heißt die Devise, man lebt schließlich nur einmal!

### Geteiltes Leid ist halbes Leid

Wenn ich mit diesem Buch nicht völlig danebengegriffen habe, so hat sich hoffentlich ein Großteil der Leser bei der Lektüre gedacht: »Ja, genau so geht's mir auch! Ich bin nicht allein! Ich bin nicht verrückt! Ich habe nur eine ganz normale Quarterlife Crisis!«

Genau das wollte ich erreichen. Wer dieses Buch gelesen hat, weiß nun, dass etliche andere junge Menschen zwischen 25 und 35 auf der ganzen Welt das Gleiche fühlen, dass sie alle eine Quarterlife Crisis durchleben, in der sie nicht mehr wissen, wer sie sind und was sie vom Leben wollen. Dieser Gedanke tröstet doch ungemein, oder?

Es kommt sogar noch besser: Die Chancen, dass unsere Freunde, Bekannten und Geschwister ebenfalls mit dieser Krise kämpfen, stehen gar nicht schlecht. Wahrscheinlich trauen sie sich nur nicht, darüber zu reden, weil sie nicht wissen, dass es so etwas wie eine Quarterlife Crisis gibt, und meinen, sie wären nicht ganz richtig im Kopf.

Warum sprechen wir nicht einfach mit ihnen darüber? Statt der erwarteten »Du-spinnst-doch«-Reaktion werden wir viel häufiger ein »Ja, da hast du völlig Recht, geht mir genauso« zu hören bekommen. Gemeinsam zu jammern macht viel mehr Spaß, als still und einsam in Selbstmitleid zu baden, und gemeinsam lassen sich oft auch leichter Lösungen für Probleme finden. Bei mir entstand aus solchen Gesprächen mit Freunden die Idee für dieses Buch. Wer weiß, was bei euch herauskommt?

Falls diese Gespräche nicht helfen oder wir uns nach wie vor von unserer Quarterlife Crisis überfordert fühlen, kann auch ein Gang zum Psychologen helfen. Nicht unbedingt deshalb, weil uns ein Psychologe sagt, wie wir unser Leben zu leben haben und glücklich werden können, sondern weil er uns zuhört, unsere konfusen Gedanken in die richtige Richtung lenkt und uns dabei hilft, die Ursachen unserer Probleme zu erkennen. Unser Leben ändern müssen wir dann natürlich selbst.

Also: Macht den Mund auf und redet über eure Quarterlife Crisis! Ihr werdet sehen: Alles wird gut.

Harald Braun/Christian Sobiella

## Die Verräter

Zwei Männer enthüllen die letzten 55 Geheimnisse ihrer Art
Mit einem Vorwort von Sibylle Berg
266 Seiten, gebunden mit Schutzumschlag, ISBN 3-7205-2355-1

Warum können nur Männer etwas mit der Zahl 0190 anfangen?
Warum weinen Männer nicht?
Wen heiraten Männer – und mit wem haben sie wirklich Spaß?
Was ist Männern wichtiger – Karriere oder Beziehung?
Und warum können Männer Waschmaschinen reparieren,
aber nicht einschalten?
In diesem Nachschlagewerk für Frauen, die es wissen wollen,
bringen zwei Manner, die es wissen müssen, endlich Licht ins Dunkel
und sagen die Wahrheit – über Männer und Frauen, Männer und
Freizeitgestaltung, Männer und Sex, Männer und Haushalt ...
»Auch am Ende des Buches werden Frauen die Männer
nicht besser verstehen – aber vielleicht liebevoller betrachten.
Und das allein lohnt das Lesen unbedingt.«
*Sibylle Berg*

ARISTON

Barbara Keesling

**Bad Girl Sex!**

Was Good Girls über Lust und Verführung wissen wollen

208 Seiten, Broschur, ISBN 3-7205-2356-X

Für alle Good Girls, die Lust auf mehr haben ...
Was ist der Unterschied zwischen Good Girls und Bad Girls?
Good Girls sagen »Nein« zu sexuellen Experimenten,
*Bad Girls* sagen »Ja! Und immer wieder ja!«. Viele Frauen verstecken
ihre Sinnlichkeit, ihre sexuellen Wünsche und Bedürfnisse hinter
der Fassade eines Good Girls – dabei ist ein natürliches,
entspanntes Körpergefühl ohne Tabus die Grundlage
für erfüllte Sexualität und weibliches Bewusstsein.
Spielerisch, frech, witzig, aber niemals respektlos zeigt die
Psychotherapeutin Dr. Barbara Keesling den Weg zu einer neuen
Sinnlichkeit – und nimmt bei Fragen wie »Wie kann ich meinen
Körper hemmungslos genießen?« oder »Wie kann ich meinem
Partner sagen, was ich mir im Bett wünsche?«
kein Blatt vor den Mund.

ARISTON

Lisa Belkin

## Bekenntnisse einer berufstätigen Mutter

224 Seiten, Pappband, ISBN 3-7205-2359-4

Eine Frau, die ihre Familie und ihren Job liebt, hat ein Problem. Heutzutage werden Frauen mit Druck aus allen Richtungen konfrontiert – und so jonglieren sie im Alltag mit Windeln und Laptop und versuchen, allen Anforderungen gerecht zu werden. Lisa Belkin kennt dieses Problem – die erfolgreiche Journalistin verließ ihren Schreibtisch, um für ihre Familie zu sorgen und frei zu arbeiten. Und was kann praktischer sein als ein Home Office? Die Probleme ließen jedoch nicht lange auf sich warten: Wie soll man einem Dreijährigen erklären, dass Mami zwar zuhause ist, aber keine Zeit zum Spielen hat? Und warum hat niemand etwas von dem schlechten Gewissen gesagt, mit dem man sich als berufstätige Mutter herumplagen muss? Lisa Belkins Fazit: Die moderne Supermutter ist nur ein Mythos, dem niemand gerecht werden kann.
Also – versuchen Sie es erst gar nicht ...

ARISTON

Susanne Kerl

**Freundinnen ... und andere Biester**
Tipps für eine dauerhafte Frauenfreundschaft
208 Seiten, Broschur, ISBN 3-7205-2290-3

Das Kompendium für alle Freundschaftslagen –
Wiedererkennungseffekt garantiert: so lassen sich Krisen,
Konflikte und »komische Gefühle« zwischen Freundinnen
als Chancen nutzen!
Mit heiterem Scharfsinn beleuchtet Susanne Kerl die neuralgischen
Punkte der Frauenfreundschaft: Harmoniesucht, unterdrückter
Neid, Konkurrenz, die Angst vor dem Alleinsein oder die
mangelnde Fähigkeit, Grenzen zu setzen. Sie zeigt Frauen
praxiserprobte Wege, sich Unterschieden und Konflikten zu stellen,
ihre Freundschaften daran wachsen zu lassen und nicht zuletzt:
die schönen Seiten einer Frauenfreundschaft zu genießen
und öfter einmal über sich selbst zu lachen.

ARISTON